대한민국 법령 시리즈 529

의약품 등의 안전에 관한 규칙

(약칭 : 의약품안전규칙)

법령

해광출판사

머리말

이 책은 방대한 법전을 보지 않고 간편하게 해당되는 법령만 참고해서 볼 수 있도록 하였습니다. 공공기관이나 관련 종사자들이 쉽고 간편하게 해당 법령을 참조 할 수 있도록 하였습니다.

법률이라는 것이 크든 작든 항상 변하는 관계로, 출간 이후의 정확하고 최신의 법률은 법제처 국가법령정보센터에서 확인이 가능하니 법률의 실제 적용 시 확인이 필요한 점 유의하기를 바랍니다.

편집부

* 수록 법률은 법제처 국가법령정보센터에서 확인 가능합니다.
* 발행일 기준 시행 법률이므로 최신 법령은 위 센터에서 볼 수 있습니다.
* 본 책자에 수록된 법률의 문구에 대하여 법적인 효력은 없으며,
  실제 적용 법률은 위 센터에서 최신의 법률로 확인하시기 바랍니다.
* 해당 법령과 함께 시행령, 시행규칙도 수록되어 있습니다.
* 발행일 기준으로 개정 예정 법률은 밑줄로 별도 표시되어 있으며,
  보다 정확한 것은 법제처에서 확인하기 바랍니다.

목차

의약품 등의 안전에 관한 규칙
(약칭 : 의약품안전규칙)

[시행 2025. 4. 5.] [총리령 제1985호, 2024. 10. 4., 일부개정]

**개정 예정 법률 밑줄 별도 표시.

의약품 등의 안전에 관한 규칙
(약칭 : 의약품안전규칙)

[시행 2025. 4. 5.] [총리령 제1985호, 2024. 10. 4., 일부개정]

제1조(목적) 이 규칙은 「약사법」 및 같은 법 시행령에서 총리령으로 정하도록 위임한 사항과 그 시행에 필요한 사항을 규정함을 목적으로 한다.

제2조(의약품등의 제조업 허가·신고 등) ① 「약사법」(이하 "법"이라 한다) 제31조제1항·제4항에 따라 의약품의 제조업 허가를 받거나 의약외품의 제조업 신고를 하려는 자는 별지 제1호서식의 의약품 제조업 허가신청서(전자문서로 된 신청서를 포함한다) 또는 별지 제2호서식의 의약외품 제조업 신고서(전자문서로 된 신고서를 포함한다)에 다음 각 호의 서류(전자문서를 포함한다)를 첨부하여 지방식품의약품안전청장(이하 "지방청장"이라 한다)에게 제출하여야 한다.

1. 법 제5조제1호 본문에 해당하는 사람이 아님을 증명하는 의사의 진단서 또는 같은 호 단서에 해당하는 사람임을 증명하는 전문의의 진단서 및 같은 조 제3호에 해당하는 사람이 아님을 증명하는 의사의 진단서

2. 법 제36조에 따른 의약품 또는 의약외품(이하 "의약품등"이라 한다)의 제조업무를 관리하는 자(이하 "제조관리자"라 한다)의 자격을 확인할 수 있는 서류 또는 제42조제3항에 따른 제조관리자 승인서

② 제1항에 따라 신청서 또는 신고서를 받은 지방청장은 「전자정부법」 제36조제1항에 따른 행정정보의 공동이용을 통하여 다음 각

호의 서류를 확인하여야 한다. 다만, 제2호의 경우 신청인 또는 신고인이 확인에 동의하지 아니하는 경우에는 그 사본을 첨부하게 하여야 한다.

1. 법인 등기사항증명서(법인인 경우만 해당한다)

2. 약사 면허증(제조관리자가 약사인 경우만 해당한다)

③ 제1항에 따라 의약외품의 제조업 신고를 하려는 자는 그 업종에 속하는 1개 이상 품목의 제조판매품목 허가를 동시에 신청하거나 1개 이상 품목을 동시에 제조판매품목 신고하여야 한다.

④ 기업의 분리 또는 합병에 의하여 의약품등의 품목에 관한 제조시설 · 제조방법 등을 양수받은 자가 동일장소 · 동일시설에서 해당 품목으로 새로운 제조업 허가를 받거나 신고를 하려고 이에 관한 사실을 증명하는 서류를 제출하는 경우에는 제48조제5호를 적용하지 아니한다.

⑤ 제1항에 따라 제조업의 허가를 받거나 신고를 하려는 자는 식품의약품안전처장이 정하여 고시하는 수수료를 내야 한다.

제3조(의약품의 위탁제조판매업 신고) ① 법 제31조제3항에 따라 의약품의 위탁제조판매업의 신고를 하려는 자는 별지 제3호서식의 의약품 위탁제조판매업 신고서(전자문서로 된 신고서를 포함한다)에 다음 각 호의 서류(전자문서를 포함한다)를 첨부하여 지방청장에게 제출하여야 한다.

1. 법 제5조제1호 본문에 해당되는 사람이 아님을 증명하는 의사의 진단서 또는 같은 호 단서에 해당하는 사람임을 증명하는 전문의의 진단서 및 같은 조 제3호에 해당되는 사람이 아님을 증명하는 의사의 진단서

2. 법 제37조의3에 따라 의약품의 시판 후 안전관리업무를 실시하는 자(이하 "안전관리책임자"라 한다)의 자격을 확인할 수 있는 서류

② 제1항에 따라 신고서를 받은 지방청장은 「전자정부법」 제36조제1항에 따른 행정정보의 공동이용을 통하여 다음 각 호의 서류를

확인하여야 한다. 다만, 제2호의 경우 신고인이 확인에 동의하지 아니하는 경우에는 그 사본을 첨부하게 하여야 한다.

1. 법인 등기사항증명서(법인인 경우만 해당한다)

2. 약사 면허증(안전관리책임자가 약사인 경우만 해당한다)

③ 제1항에 따라 의약품의 위탁제조판매업의 신고를 하려는 자는 1개 이상의 제조판매품목 허가를 동시에 신청하여야 한다.

④ 제1항에 따라 의약품의 위탁제조판매업의 신고를 하려는 자는 식품의약품안전처장이 정하여 고시하는 수수료를 내야 한다.

⑤ 법 제31조제3항제2호에서 "총리령으로 정하는 임상시험"이란 위탁제조판매업을 신고하려는 자가 국내에서 비임상시험(제9조제1호부터 제3호까지의 어느 하나에 해당하는 자료에 관한 시험을 포함한다)의 전부 또는 일부를 실시하고 외국에서 해당 국가의 법령에 따라 실시한 임상시험을 말한다. 〈신설 2015. 9. 25.〉

⑥ 법 제31조제3항제3호에서 "총리령으로 정하는 의약품"이란 법 제31조의6제1항 각 호에 해당하는 의약품을 말한다. 〈신설 2018. 10. 25., 2022. 7. 21., 2025. 2. 21.〉

제4조(제조판매 · 수입 품목의 허가 신청) ① 법 제31조제2항부터 제4항까지 또는 법 제42조제1항에 따라 의약품등의 제조판매 · 수입 품목허가를 받으려는 자는 별지 제4호서식의 의약품등 제조판매 · 수입 품목 허가신청서에 다음 각 호의 서류를 첨부하여 식품의약품안전처장(의약품 동등성의 입증이 필요한 의약품 제조판매 · 수입 품목 허가 및 제1호 각 목 외의 부분 단서에 따라 자료를 제출하지 않아도 되는 의약외품 제조판매 · 수입 품목허가의 경우에는 지방청장을 말한다)에게 제출해야 한다. 〈개정 2014. 5. 9., 2014. 8. 21., 2015. 3. 13., 2015. 9. 25., 2016. 10. 28., 2017. 1. 4., 2018. 10. 25., 2020. 10. 14., 2021. 3. 8., 2021. 9. 10., 2022. 1. 20., 2022. 7. 21., 2022. 12. 7., 2022. 12. 29., 2024. 12. 30., 2025. 2. 21.〉

1. 제9조에 따른 안전성 · 유효성에 관한 자료. 다만, 생물학적 제

제, 유전자재조합의약품, 세포배양의약품, 세포 치료제, 유전자 치료제 및 이와 유사한 제제(이하 "생물학적제제등"이라 한다)가 아닌 것으로서 다음 각 목의 어느 하나에 해당하는 품목과 국내에서 이미 허가된 품목을 제조하는 제조소와 동일한 제조소에서 제조되는 것으로서 해당 품목과 최종원액이 동일한 생물학적제제등은 제출하지 아니한다.

가. 법 제51조제1항에 따른 대한민국약전(이하 "대한민국약전"이라 한다)에 실려 있는 품목

나. 식품의약품안전처장이 인정하는 공정서(公定書) 및 의약품집에 실려 있는 품목

다. 대한민국약전에 실려 있지 아니한 의약품 중 한약에 관한 기준[이하 "대한민국약전외한약(생약)규격집"이라 한다]에 실려 있는 품목

라. 식품의약품안전처장이 성분의 종류ㆍ규격ㆍ함량 및 처방 등을 표준화하여 고시한 표준제조기준에 맞는 품목

마. 식품의약품안전처장이 따로 기준 및 시험방법을 고시한 품목

바. 그 밖에 식품의약품안전처장이 자료의 제출이 필요하지 아니하다고 인정하는 품목

2. 제10조에 따른 기준 및 시험방법에 관한 자료. 다만, 다음 각 목의 어느 하나에 해당하는 품목의 경우에는 제출하지 아니한다.

가. 일반의약품 중 제1호가목부터 다목까지 및 마목에 해당하는 품목

나. 원료의약품 중 제1호가목부터 다목까지 및 마목에 해당하는 품목

다. 의약외품 중 제1호가목ㆍ나목 및 마목에 해당하는 품목

3. 다음 각 목의 어느 하나에 해당하는 품목의 경우에는 식품의약품안전처장이 정하여 고시하는 기준에 적합한 생물학적 동등성시험에 관한 시험자료 또는 비교임상시험 성적서에 관한 자료. 다만, 식품의약품안전처장이 고시하는 품목의 경우에는 비교용출시험자료

등 생체를 이용하지 않는 시험자료로서 식품의약품안전처장이 고시하는 자료를 제출한다.

가. 1989년 1월 1일 이후 제조판매 · 수입 품목허가를 받은 전문의약품으로서 신약에 해당하는 의약품(제형이 다른 동일투여경로의 품목을 포함한다)

나. 가목에 해당하는 품목을 제외한 전문의약품으로서 이미 제조판매 · 수입 품목허가를 받은 것과 성분이 동일한 정제 · 캡슐제 · 좌제 · 산제(散劑) · 과립제 · 점안제(點眼劑) · 점이제(點耳劑) · 폐에 적용하는 흡입제 또는 외용제제. 다만, 상용(常用) 의약품, 고가(高價) 의약품, 단일성분의 의약품 또는 의약품 동등성 확보가 필요한 의약품으로서 식품의약품안전처장이 고시하는 것이어야 한다.

다. 가목 또는 나목에 해당하는 품목을 제외한 전문의약품 중 이미 제조판매 · 수입 품목허가를 받은 품목과 그 성분이 동일한 전문의약품

4. 수입품의 경우 그 품목의 제조 및 판매에 관한 다음 각 목의 서류. 이 경우 첨부서류의 요건 등에 관한 세부 사항은 식품의약품안전처장이 고시하는 바에 따른다.

가. 의약품등을 생산하는 국가(이하 "생산국"이라 한다)의 정부 또는 공공기관에서 그 품목이 생산국의 법령에 적합하게 제조되고 있음을 증명하는 제조증명서

나. 해당 품목이 허가 또는 등록된 국가의 정부 또는 공공기관에서 그 국가의 법령에 적합하게 판매되고 있음을 증명하는 판매증명서

5. 일반의약품 중 단일성분의 의약품으로서 이미 제조판매 · 수입 품목허가를 받은 정제 · 캡슐제 또는 좌제와 성분이 동일한 의약품을 허가받으려는 경우에는 비교용출시험자료 등 식품의약품안전처장이 고시하는 자료

6.다음 각 목의 구분에 따른 자료

가. 완제의약품 및 의약외품[내용고형제(內用固形劑), 내용액제

(內用液劑) 및 식품의약품안전처장이 고시한 표준제조기준에 맞는 외피용 연고제·카타플라스마제만 해당한다]의 경우에는 별표 1의 의약품 제조 및 품질관리기준에 적합한지 평가에 필요한 다음의 자료

1) 제조소 총람(의약품 제조 및 품질관리기준과 관련하여 식품의약품안전처장이 정한 활동 사항을 기재하여 주기적으로 관리하는 문서를 말한다. 이하 같다)

2) 의약품 제조 및 품질관리기준에 따른 품질(보증)체계 관련 자료

3) 신청품목에 대한 제품표준서, 제조관리기록서 및 품질관리기록서 사본

4) 신청품목과 관련된 밸리데이션 자료

5) 그 밖에 식품의약품안전처장 또는 지방청장이 평가를 위해 필요하다고 인정하는 자료

나. 원료의약품[원료의약품 중 한약재 및 약리활성(藥理活性: 약리작용상 인체에 미치는 작용)이 없는 것과 그 밖에 인체에 직접 적용하지 않는 제품에 사용되는 것은 제외한다]에 관한 다음의 구분에 따른 자료

1) 제조판매품목 및 수입품목 중 생물학적제제등의 원료: 별표 1의2의 원료의약품 제조 및 품질관리기준에 적합한지 평가에 필요한 자료로서 가목1)부터 5)까지의 자료

2) 수입품목(생물학적제제등의 원료는 제외한다): 제15조제1항제1호나목에 따른 증명서

다. 생물학적제제등[「혈액관리법」 제2조제8호에 따른 혈액제제(이하 "혈액제제"라 한다)는 제외한다]인 경우에는 별표 1의 의약품 제조 및 품질관리기준, 별표 1의2의 원료의약품 제조 및 품질관리기준 및 별표 3의 생물학적제제등 제조 및 품질관리기준에 적합한지 평가에 필요한 자료로서 가목1)부터 5)까지의 자료

라. 방사성의약품인 경우에는 별표 1의 의약품 제조 및 품질관리기준, 별표 1의2의 원료의약품 제조 및 품질관리기준 및 별표 3

의2의 방사성의약품 제조 및 품질관리기준에 적합한지 평가에 필요한 자료로서 가목1)부터 5)까지의 자료

마. 의료용 고압가스(인체에 직접 적용하지 않는 소독제 제품 중 식품의약품안전처장이 정하여 고시하는 제품은 제외한다)인 경우에는 별표 1의 의약품 제조 및 품질관리기준, 별표 1의2의 원료의약품 제조 및 품질관리기준 및 별표 3의3의 의료용 고압가스 제조 및 품질관리기준에 적합한지 평가에 필요한 자료로서 가목1)부터 5)까지의 자료

바. 한약재의 경우에는 별표 2의 한약재 제조 및 품질관리기준에 적합한지 평가에 필요한 다음의 자료. 다만, 둘 이상의 제조판매·수입 품목허가를 동시에 신청하는 경우에는 그 중 하나의 품목에 관한 자료만을 제출할 수 있다.

1) 제조소(작업소, 시험실, 보관소 및 그 밖의 제조공정에 필요한 부대시설을 포함한다. 이하 이 목에서 같다) 평면도

2) 작업소 시설 관련 자료로서 다음에 해당하는 자료

가) 인적·물적 동선이 표시된 작업소 평면도

나) 제조·시험에 사용되는 기계·설비 내역 및 배치도

3) 제조소 시설 및 환경 관리 관련 자료(제조용수 및 자동화장치 등 관리현황에 관한 자료를 포함한다)

4) 한약재 제조 및 품질관리기준에 따른 조직도 및 제조·품질(보증)체계 관련 자료

5) 한약재 제조 및 품질관리기준에 따른 문서관리규정 및 문서 목록

6) 신청 한약재에 대한 제품표준서, 제조관리기록서 및 품질관리기록서 사본

7) 그 밖에 식품의약품안전처장 또는 지방청장이 평가를 위해 필요하다고 인정하는 자료

사. 혈액제제인 경우에는 별표 3의4의 혈액제제 제조 및 품질관리기준에 적합한지 평가에 필요한 자료로서 가목1)부터 5)까지의

자료

7. 법 제31조의2제1항에 따라 등록할 수 있는 신약의 원료의약품 또는 식품의약품안전처장이 정하여 고시하는 원료의약품(이하 “등록대상 원료의약품”이라 한다)을 사용하는 품목의 경우에는 원료의약품에 관한 다음 각 목의 자료. 다만, 제15조제1항에 따라 이미 등록된 원료의약품의 경우에는 같은 항에 따라 등록할 때 제출한 자료는 제출하지 않는다.

가. 제조소의 명칭, 제조소의 소재지, 제조소 책임자의 성명을 적은 자료

나. 저장방법 및 사용기간을 적은 자료

다. 제15조제1항 각 호의 자료

8. 의약품의 주성분을 제조하는 제조업자의 명칭 및 소재지 등에 관한 자료로서 식품의약품안전처장이 고시하는 자료

9. 법 제31조제2항 · 제3항에 따라 의약품을 제조업자에게 위탁제조하여 판매하려는 의약품의 경우에는 수탁제조업자의 명칭 및 소재지 등을 적어 넣은 위탁 · 수탁제조계약서

10. 법 제50조의2제4항(법 제42조제5항에 따라 준용되는 경우를 포함한다)에 따라 의약품 특허목록(이하 “특허목록”이라 한다)에 의약품에 관한 특허권(이하 “의약품특허권”이라 한다)이 등재된 의약품(이하 “등재의약품”이라 한다)의 안전성 · 유효성에 관한 자료를 근거로 의약품의 제조판매 · 수입 품목허가를 신청하는 경우에는 별지 제5호서식의 특허관계 확인서와 그 사유를 적은 서류 및 근거자료

11. 법 제32조의2제1항 각 호에 해당하는 의약품의 경우에는 같은 항에 따른 종합적인 의약품 안전관리 계획(이하 “위해성 관리 계획”이라 한다). 다만, 허가신청서를 제출할 때까지 안전성 · 유효성 검토항목 등 위해성 관리에 필요한 사항을 확정하지 못하여 위해성 관리 계획을 첨부하기 어려운 경우 식품의약품안전처장이 정하여 고시하는 바에 따라 위해성 관리 계획 대신 그 개요를 첨부할 수 있다.

12. 법 제31조제3항제2호 또는 제3호에 따라 제조판매품목 허가

를 신청하는 경우에는 각각 같은 호에 따른 의약품임을 증명하는 서류

② 제1항에도 불구하고 다음 각 호의 어느 하나에 해당하는 경우에는 각 호의 구분에 따른 자료를 제출하지 않을 수 있다. 〈개정 2014. 10. 10., 2016. 6. 30., 2020. 10. 14., 2022. 12. 29., 2024. 10. 4.〉

1. 제1항제1호 또는 제2호에 해당하는 자료로서 적합하다는 제41조제3항에 따른 사전 검토 결과통지서를 제출한 경우: 제1항제1호 또는 제2호에 해당하는 자료

2. 제조판매 품목허가를 신청하는 품목(신약, 생물학적제제등, 주사제, 이식제, 그 밖에 식품의약품안전처장이 고시하는 의약품은 제외한다)을 제조하는 제조소에 제48조의2제5항에 따른 제조 및 품질관리기준 적합판정서가 있는 경우(제3호에 해당하는 경우는 제외한다): 제1항제6호에 해당하는 자료

3. 제조판매 품목허가를 신청하는 품목을 그 품목과 동일한 품목에 대해 제조판매 품목허가를 받거나 품목신고를 한 자의 제조소에서 해당 품목의 다음 각 목의 사항과 동일하게 제조하도록 위탁하는 경우: 제1항제6호에 해당하는 자료

가. 제조공정

나. 제조설비

다. 제조단위

라. 의약품등과 직접 접촉하는 용기·포장의 재질 및 종류

4. 식품의약품안전처장이 고시하는 기준에 적합한 경우: 제1항제4호에 해당하는 자료

5. 대체 가능한 의약품이 없다고 식품의약품안전처장이 인정하는 국가필수의약품의 경우: 제1항 각 호의 어느 하나에 해당하는 자료 중 제출이 곤란한 자료. 다만, 해당 자료의 제출이 곤란한 사유와 해당 자료를 대체할 수 있는 자료를 제출해야 한다.

③ 제1항에도 불구하고 기업의 분리 또는 합병 등에 의하여 해당

제조시설·제조방법 등을 양수받은 품목의 제조판매·수입 품목허가를 받으려는 자의 경우에는 제1항 각 호의 어느 하나에 해당하는 첨부서류를 갈음하여 품목의 제조시설·제조방법 등에 관한 양도·양수계약서를 제출할 수 있다.

④ 제3항에 따른 해당 품목의 허가 시에는 양도인에 대한 제조판매·수입 품목허가에 붙여진 조건에 상응하는 조건을 붙일 수 있다.

⑤ 식품의약품안전처장은 법 제31조제2항부터 제4항까지 또는 법 제42조제1항에 따른 의약품등의 제조판매·수입 품목허가를 위하여 필요하다고 인정하는 경우에는 식품의약품안전평가원의 의견을 듣거나 법 제18조제1항에 따른 중앙약사심의위원회에 자문을 할 수 있다.

⑥ 제1항에 따라 허가를 신청하는 자는 식품의약품안전처장이 정하여 고시하는 수수료(외국에서 현지실사를 할 필요가 있는 경우에는 이에 드는 경비를 포함한다)를 내야 한다.

[시행일] 제4조제1항제3호다목의 개정규정: 다음 각 목의 구분에 따른 날

가. 경구용제제인 전문의약품: 공포 후 1년 6개월이 경과한 날

나. 무균제제인 전문의약품: 공포 후 2년이 경과한 날

다. 가목 및 나목 외의 전문의약품: 공포 후 3년이 경과한 날

제5조(제조판매·수입 품목의 신고) ① 법 제31조제2항·제4항 또는 법 제42조제1항에 따라 신고를 하여야 하는 의약품등의 품목은 다음 각 호와 같다. 다만, 제4조제1항제1호에 따라 안전성·유효성에 관한 자료를 제출하여야 하는 품목, 제4조제1항제10호에 따라 등재의약품의 안전성·유효성에 관한 자료를 근거로 신청하는 의약품, 제11조에 따라 제조판매·수입 품목허가와 품목신고가 제한되는 품목, 생물학적제제등 및 방사성의약품은 제외한다.

1. 대한민국약전 또는 식품의약품안전처장이 인정하는 공정서 및 의약품집에 실려 있는 품목. 다만, 국내에서 허가되지 아니한 품목은 제외한다.

2. 대한민국약전외한약(생약)규격집에 실려 있는 품목

3. 식품의약품안전처장이 성분의 종류·규격·함량 및 처방 등을 표준화하여 고시한 표준제조기준에 맞는 품목

4. 식품의약품안전처장이 따로 기준 및 시험방법을 고시한 품목

5. 식품의약품안전처장이 신고대상품목으로 고시한 의약품등

② 제1항에 따라 의약품등의 제조판매·수입 품목신고를 하려는 자는 별지 제6호서식의 의약품등 제조판매·수입 품목신고서(전자문서로 된 신고서를 포함한다)에 다음 각 호의 자료(전자문서를 포함한다)를 첨부하여 지방청장에게 제출해야 한다. 〈개정 2014. 8. 21., 2022. 12. 29.〉

1. 제1항에 따른 신고품목임을 입증하는 자료

2. 제4조제1항제2호에 따른 자료(이 조 제1항제3호에 따른 품목 중 제48조제5호에 따른 별표 1의 의약품 제조 및 품질관리기준에 적합하다는 판정을 받지 못한 품목 및 이 조 제1항제5호에 따른 품목만 해당한다)

3. 제4조제1항제3호 및 제5호에 해당하는 자료(법 제27조제2항제1호에 따라 의약품 동등성의 입증이 필요하다고 식품의약품안전처장이 정한 의약품만 해당한다)

4. 제4조제1항제4호에 따른 자료. 다만, 식품의약품안전처장이 정하여 고시하는 기준에 적합한 경우에는 제출하지 않을 수 있다.

5. 제4조제1항제6호에 따른 자료

6. 제4조제1항제7호부터 제9호까지에 따른 자료

③ 기업의 분리 또는 합병 등에 의하여 해당 제조시설·제조방법 등을 양수한 품목에 대한 제조판매·수입 품목신고를 하려는 자의 경우에는 제2항에 따른 첨부서류 또는 자료를 갈음하여 그 품목의 제조시설·제조방법 등에 관한 양도·양수계약서를 제출할 수 있다. 다만, 별표 1, 별표 1의2, 별표 2 또는 별표 3의3의 제조 및 품질관리기준에 적합한지 평가가 필요한 경우에는 제4조제1항제6호의 자료를 제출해야 한다. 〈개정 2014. 8. 21., 2022. 12. 29.〉

④ 제2항에 따라 신고를 하는 자는 식품의약품안전처장이 정하여

고시하는 수수료(외국에서 현지실사를 할 필요가 있는 경우에는 이에 드는 경비를 포함한다)를 내야 한다.

제6조(영업소 설치 등) ① 법 제31조제5항에 따라 영업소를 설치하려는 의약품의 제조판매품목 허가를 받거나 제조판매품목 신고를 한 자(이하 "품목허가를 받은 자"라 한다)는 영업소마다 영업소를 관리하는 약사 또는 한약사(이하 "영업소관리자"라 한다)를 두어야 한다.

② 영업소에는 창고를 갖추어야 한다. 다만, 의료용 고압가스의 제조판매품목 허가를 받은 자는 「고압가스 안전관리법」 제4조제6항에 따른 고압가스 판매 시설기준에 따르고, 방사성의약품의 제조판매품목 허가를 받은 자는 「원자력안전법」 제55조제1항에 따른 방사성동위원소 판매업의 시설기준에 따른다. 〈개정 2021. 3. 8.〉

③ 제2항 본문에 따른 영업소의 창고에는 다음 각 호의 시설을 두어야 한다. 다만, 제4호부터 제7호까지의 시설은 해당 의약품을 취급하는 영업소에만 해당하고, 제8호의 시설은 불량의약품이나 반품의약품이 있는 영업소에만 해당한다.

1. 저온 보관 및 빛가림을 위한 시설
2. 쥐·해충 등을 막을 수 있는 시설
3. 의약품의 변질 방지를 위한, 온도 및 습도를 유지할 수 있는 시설
4. 생물학적 제제 전용의 보관시설(수송 용기를 포함한다)
5. 마약 및 향정신성의약품의 보관시설
6. 인화성 또는 폭발성이 있는 의약품의 보관시설
7. 보관방법이 정해진 의약품의 경우에는 그 보관조건을 유지할 수 있는 시설
8. 불량의약품 또는 반품의약품의 보관실

④ 의약품의 유통체계 확립 및 판매질서 유지를 위한 품목허가를 받은 자의 영업소에 대한 준수사항은 「약사법 시행령」(이하 "영"이라 한다) 제32조, 이 규칙 제62조 및 「약사법 시행규칙」 제44조 중 의약품 도매상에 관한 규정을 준용한다.

제7조(의약품등 제조업과 제조판매품목의 허가·신고 제외대상) 법 제31조제6항에 따라 다음 각 호의 어느 하나에 해당하는 의약품등은 법 제31조제1항부터 제4항까지에 따른 제조업과 제조판매 품목의 허가·신고 대상에서 제외한다.

1. 제24조제1항에 따라 임상시험계획의 승인을 받은 임상시험용 의약품등

2. 임상시험에 사용되는 원료의약품 또는 임상시험용 대조약[위약(僞藥)을 포함한다]

3. 의약품등 제조판매품목 허가·신고를 하기 위해 사용되는 의약품등

제8조(허가사항 등의 변경허가 신청 등) ① 법 제31조제9항 또는 법 제42조에 따라 의약품등의 제조업자·수입자 또는 위탁제조판매업자가 그 허가받거나 신고한 사항을 변경하려는 경우(제4조제1항제7호 각 목 외의 부분 본문 또는 제5조제2항제6호에 따라 제4조제1항제7호 각 목의 자료를 제출한 경우와 제4조제1항제11호에 따른 자료를 제출한 경우에는 그 자료를 변경하는 경우를 포함하며, 법 제89조제3항에 따른 지위승계 신고 대상에 해당하는 변경은 제외한다)에는 다음 각 호의 구분에 따른 신청서(전자문서로 된 신청서를 포함한다) 또는 신고서(전자문서로 된 신고서를 포함한다)에 그 허가증 또는 신고증(전자문서로 발급받은 경우는 각각 제외한다)과 변경사유서(전자문서로 된 사유서를 포함한다) 및 그 근거서류(제4조제1항 각 호의 서류를 말하며, 전자문서를 포함한다)를 첨부하여 식품의약품안전처장(의약품등 제조업 허가·신고의 변경, 위탁제조판매업 신고의 변경, 수입업 신고의 변경, 의약품 동등성의 입증이 필요한 의약품의 제조판매·수입 품목허가의 변경, 안전성·유효성 검토 대상이 아닌 의약외품의 제조판매·수입 품목허가의 변경, 의약품등 제조판매·수입 품목신고의 변경을 하려는 경우에는 지방청장을 말한다)에게 제출하여야 한다. 〈개정 2015. 9. 25., 2021. 3. 8., 2025. 2. 21.〉

1. 제조업의 변경: 별지 제2호서식의 의약외품 제조업 변경신고서 또는 별지 제7호서식의 의약품등의 제조업 허가사항 변경허가 신청서

2. 위탁제조판매업의 변경: 별지 제3호서식의 의약품 위탁제조판매업 변경신고서

2의2. 수입업의 변경: 별지 제7호의2서식의 의약품등 수입업 변경신고서

3. 품목의 변경: 별지 제6호서식의 의약품등 제조판매·수입 품목신고 변경신고서 또는 별지 제8호서식의 의약품등 제조판매·수입 품목 허가사항 변경허가 신청서

② 제1항의 경우에 법인의 대표자를 변경하려는 경우에는 변경신청서나 변경신고서에 대표자가 법 제5조제1호 본문에 해당되는 사람이 아님을 증명하는 의사의 진단서 또는 같은 호 단서에 해당하는 사람임을 증명하는 전문의의 진단서 및 같은 조 제3호에 해당되는 사람이 아님을 증명하는 의사의 진단서를 첨부하여야 한다.

③ 제1항에도 불구하고 식품의약품안전처장 또는 지방청장은 다음 각 호의 어느 하나에 해당하는 경우 그 검토 결과 이미 제조판매·수입 품목허가 또는 품목신고한 사항을 변경할 필요가 있어 법 제76조제1항 각 호 외의 부분 단서에 따라 일정기한까지 품목의 변경을 명령한 경우에는 식품의약품안전처장 또는 지방청장이 변경허가를 하거나 변경신고를 수리한 것으로 본다. 〈개정 2014. 8. 21., 2015. 9. 25., 2022. 12. 7.〉

1. 법 제31조의5(법 제42조제5항에 따라 준용되는 경우를 포함한다)에 따른 의약품 제조판매·수입 품목허가 및 품목신고의 갱신

2. 삭제 〈2025. 2. 21.〉

3. 법 제33조에 따른 의약품등 재평가

4. 제4조, 이 조 및 제41조에 따른 안전성·유효성에 관한 자료 검토

5. 제48조제3호에 따른 안전성 정보 보고

5의2. 제48조제20호에 따른 위해성 관리 계획 이행에 따른 안전

성 · 유효성 평가

6. 의약품의 적정사용 정보제공을 위한 안전성과 효능 · 효과 등에 대한 평가

7. 대한민국약전 및 법 제52조에 따른 의약품등의 기준 개정

8. 의약품의 분류 등 국민보건을 위하여 필요하다고 판단하여 실시한 안전성 · 유효성에 관한 자료 검토

④ 제1항에도 불구하고 품질에 영향을 미치지 아니하는 색상 변경 등 식품의약품안전처장이 정하여 고시하는 경미한 사항인 경우에는 식품의약품안전처장이 정하여 고시하는 바에 따라 변경내용을 적은 문서(전자문서를 포함한다)를 식품의약품안전처장 또는 지방청장에게 제출하여야 한다. 이 경우 법 제31조제9항 또는 법 제42조에 따라 변경허가를 받거나 변경신고를 한 것으로 본다. 〈개정 2016. 10. 28.〉

⑤ 제1항에도 불구하고 의약품 등의 제조업자 · 수입자 또는 위탁제조판매업자가 허가받거나 신고한 의약품등의 제조소 또는 영업소의 명칭이나 영업소의 소재지를 변경하려는 경우 그 제조업자 · 수입자 또는 위탁제조판매업자가 허가를 받거나 신고한 각 품목은 동일한 변경내용에 대하여 품목 변경허가를 신청하거나 변경신고를 한 것으로 본다. 〈신설 2025. 2. 21.〉

⑥ 제1항에 따른 신청서 · 신고서 또는 변경신청서 · 변경신고서를 받은 식품의약품안전처장 또는 지방청장은 「전자정부법」 제36조제1항에 따른 행정정보의 공동이용을 통하여 법인 등기사항증명서(법인인 경우만 해당한다)를 확인하여야 한다. 〈개정 2025. 2. 21.〉

⑦ 식품의약품안전처장 또는 지방청장은 제1항에 따라 변경허가를 하거나 변경신고를 받을 경우 또는 제103조제1항에 따라 지위승계 신고를 받은 경우에는 제13조에 따른 허가대장 · 신고대장 및 허가증 · 신고증(전자문서로 된 것을 각각 포함한다. 이하 같다)에 변경사항을 적어야 한다. 〈개정 2021. 3. 8., 2025. 2. 21.〉

⑧ 제1항에 따른 신청이나 신고를 하는 자는 식품의약품안전처장

이 정하여 고시하는 수수료(외국에서의 현지실사 경비를 포함한다)를 내야 한다. 다만, 행정구역개편에 따라 소재지가 변경되는 경우에는 이를 적용하지 아니한다. 〈개정 2020. 10. 14., 2025. 2. 21.〉

⑨ 제1항에 따라 제조소의 소재지를 변경하는 경우에는 제48조제5호를 준용한다. 〈개정 2025. 2. 21.〉

제9조(안전성·유효성에 관한 자료) 의약품등의 제조판매·수입 품목허가 또는 품목변경허가를 받거나 제조판매·수입 품목신고 또는 품목변경신고를 하려는 자가 제출하여야 하는 안전성·유효성에 관한 자료는 다음 각 호의 자료(전자문서를 포함한다)로 한다. 이 경우 자료제출 대상 품목, 자료 작성요령, 각 자료의 요건 및 면제범위·심사기준 등에 관한 세부 규정과 독성 및 약리작용 등에 관한 자료의 작성을 위하여 실시하는 비임상시험의 관리에 필요한 사항은 식품의약품안전처장이 정하여 고시하는 바에 따른다.

1. 기원 또는 발견 및 개발 경위에 관한 자료
2. 구조결정, 물리화학적 성질에 관한 자료
3. 안정성에 관한 자료
4. 독성에 관한 자료
5. 약리작용에 관한 자료
6. 임상시험성적에 관한 자료
7. 외국의 사용현황 등에 관한 자료
8. 국내 유사제품과의 비교검토 및 해당 의약품등의 특성에 관한 자료

제10조(기준 및 시험방법에 관한 자료) ① 법 제31조제11항 또는 제42조제6항에 따라 의약품등의 제조판매·수입 품목허가 또는 품목변경허가를 받으려는 자는 그 품목의 제조와 품질관리를 위한 기준 및 시험방법에 관한 자료를 제출하여야 한다. 이 경우 첨부자료의 종류, 자료 작성요령과 각 자료의 요건 등에 관한 세부 사항은 식품의약품안전처장이 고시하는 바에 따른다. 〈개정 2015. 9. 25.〉

② 제1항에 따라 기준 및 시험방법에 관한 자료를 제출하려는 자는 심사대상물품(식품의약품안전처장이 품질검사를 위하여 특별히 필요하다고 인정하는 경우에만 해당한다)을 식품의약품안전처장에게 제출하여야 한다.

제11조(의약품등 제조판매 · 수입 품목허가 또는 품목신고의 제한대상) ① 법 제31조제11항 또는 제42조제6항에 따라 제조판매 · 수입 품목 허가 또는 품목신고가 제한되는 의약품등은 다음 각 호와 같다. 〈개정 2014. 5. 9., 2015. 9. 25.〉

1. 각성제 · 흥분제에 해당하는 제제
2. 비타민류와 성호르몬제의 복합제제
3. 삭제 〈2017. 12. 13.〉
4. 생약을 원형 그대로 자르거나 파쇄하여 혼합한 형태의 의약품에 해당하는 것
5. 해당 업소의 허가취소된 품목과 동일한 품목으로서 취소된 날부터 1년이 지나지 아니한 것
6. 법 제33조에 따라 식품의약품안전처장이 의약품등 재평가의 대상으로 공고한 제제로서 그 결과가 공시되지 아니한 것. 다만, 다음 각 목의 어느 하나에 해당하는 품목은 제외한다.
   가. 법 제33조에 따른 재평가에 필요한 자료를 제출한 품목
   나. 기업의 분리 또는 합병 등에 의하여 해당 제조시설 · 제조방법 등이 양도 · 양수되는 품목
   다. 국가 예방접종사업 또는 방역사업 등 국민보건에 긴급히 필요하여 보건복지부장관이 요청한 품목
7. 국민에게 혐오감을 주거나 국민의 욕구를 자극하여 오 · 남용될 우려가 있다고 인정되는 성분이 함유된 제제
8. 안전성 · 유효성에 문제가 있다고 식품의약품안전처장이 정하는 성분을 함유하는 제제. 다만, 인체에 직접 적용하지 아니하는 특수한 제제는 제외한다.
9. 혈장분획제제, 유전자 치료제 등 식품의약품안전처장이 공익상

이나 국제협약상 제조판매·수입 품목허가 또는 품목신고 제한이 필요하다고 인정한 품목. 다만, 다음 각 목의 어느 하나에 해당하는 품목은 제외한다.

가. 「대한적십자사 조직법」에 따른 대한적십자사(이하 "대한적십자사"라 한다)가 제조판매·수입 품목허가를 신청한 혈장분획제제

나. 대한적십자사 또는 「혈액관리법」 제6조에 따라 허가를 받은 혈액원과 원료공급계약을 체결한 의약품 제조업의 허가를 받은 자가 제조판매품목 허가를 신청한 혈장분획제제

다. 식품의약품안전처장이 따로 정하는 혈장분획제제 및 유전자치료제

10. 다음 각 목의 어느 하나에 해당하는 의약품을 소분(小分)하는 품목

가. 법 제53조제1항에 따른 국가출하승인의약품

나. 항생물질과 그 제제

다. 방사성의약품

11. 소해면상뇌증 등 국민보건에 위해(危害)가 우려되는 질병의 감염 가능성이 있는 원료를 사용하거나 함유한 것으로서 식품의약품안전처장이 정하는 품목

② 법 제31조제11항 및 제42조제6항에 따라 다음 각 호의 어느 하나에 해당하는 의약품등의 제품명칭으로는 제조판매·수입 품목허가를 받거나 품목신고를 할 수 없다. 〈개정 2015. 9. 25., 2021. 9. 10.〉

1. 의약품등의 명칭으로 적합하지 아니하거나 다른 제품으로 오인할 우려가 있거나 실제보다 과장된 명칭

2. 의약품의 적응증(適應症: 적용대상 질병이나 증상을 말한다. 이하 같다) 또는 효능·효과를 그대로 표시하는 명칭(진단용 시약 등 특수한 제제는 제외한다)

3. 의약품 중 2종 이상의 유효성분이 혼합된 제제로서 그 성분의 일부만을 나타내는 명칭

4. 외국의 상표를 사용하려는 경우 상표권자의 상표사용허가에 관한 관계 증명서류를 첨부하지 아니한 의약품등의 명칭

5. 「인삼산업법」 및 「식품위생법」에서 정하는 인삼류로 오인될 우려가 있는 명칭

③ 제1항 각 호(제8호는 제외한다) 및 제2항에도 불구하고 수출·군납 또는 관납(官納)을 목적으로 허가나 신고를 신청한 품목에 대해서는 이를 적용하지 아니한다.

제12조(허가기준 등) 제2조부터 제5조까지, 제7조, 제8조, 제11조, 제39조, 제39조의2 및 제40조에서 규정한 사항 외에 의약품등의 제조업·위탁제조판매업·수입업 및 제조판매·수입 품목의 허가·신고, 변경허가·신고나 의약품의 시설·품목 조건부 허가의 기준, 조건 및 관리 등에 필요한 사항은 식품의약품안전처장이 정하여 고시한다. 〈개정 2015. 9. 25., 2022. 7. 21.〉

제12조의2(안전성·유효성 검토 결과의 통지) ① 제4조에 따라 신약등의 제조판매·수입 품목 허가신청서를 제출한 자는 「국민건강보험 요양급여의 기준에 관한 규칙」 제10조의2에 따른 요양급여의 결정을 신청하기 위하여 식품의약품안전처장에게 안전성·유효성 검토를 미리 요청할 수 있다.

② 식품의약품안전처장은 제1항에 따른 요청이 타당하다고 인정되는 경우에는 안전성·유효성을 검토한 후 그 결과를 요청인에게 알려야 한다.

③ 식품의약품안전처장은 필요한 경우 제2항에 따라 요청인에게 알린 안전성·유효성 검토 결과 및 그 근거자료를 「국민건강보험법」 제62조에 따른 건강보험심사평가원의 원장에게 통보할 수 있다.

[본조신설 2014. 8. 21.]

제13조(허가·신고대장과 허가증·신고증 등) ① 식품의약품안전처장 또는 지방청장은 제2조, 제4조 또는 제39조의2에 따라 의약품의 제조업 허가를 하거나 의약품등의 제조판매 품목허가 또는 품목 조건부 허가를 했을 때에는 허가대장에 다음 각 호의 구분에 따른 사

항을 적어 넣고, 별지 제9호서식의 제조업 허가증 또는 별지 제10호서식의 의약품등 제조판매 품목허가 또는 품목 조건부 허가증을 발급한다. 〈개정 2022. 7. 21.〉

1. 제조업 허가의 경우

가. 허가번호와 허가 연월일

나. 제조업자의 성명 및 주민등록번호(법인인 경우에는 그 대표자의 성명 및 주민등록번호)

다. 제조소의 명칭과 소재지

라. 제조관리자의 성명, 그 자격 구분 및 주민등록번호(제조업자 자신이 그 제조업무를 관리하는 경우에는 그 사실과 그 자격 구분)

마. 법 제37조의3제2항에 따른 안전관리책임자의 성명, 그 자격 구분 및 주민등록번호(제46조제1항에 따라 안전관리책임자를 두어야 하는 경우만 해당한다)

2. 제조판매 품목허가의 경우

가. 허가번호와 허가 연월일

나. 제품명

② 식품의약품안전처장 또는 지방청장은 제2조에 따른 의약외품 제조업, 제3조에 따른 의약품의 위탁제조판매업, 제56조의2에 따른 의약품등의 수입업 또는 제5조에 따른 의약품등의 제조판매·수입 품목의 신고를 수리한 경우에는 해당 신고대장에 다음 각 호의 사항을 적어 넣고, 의약외품 제조업의 경우에는 별지 제11호서식의 의약외품 제조업 신고증을, 의약품 위탁제조판매업의 경우에는 별지 제12호서식의 의약품 위탁제조판매업 신고증을, 의약품등 수입업의 경우에는 별지 제12호의2서식의 수입업 신고증을, 의약품등의 제조판매·수입 품목의 경우에는 별지 제13호서식의 의약품등 제조판매·수입 품목신고증을 발급하여야 한다. 〈개정 2015. 9. 25.〉

1. 의약외품 제조업 신고의 경우

가. 신고수리번호 및 수리 연월일

나. 제조업자의 성명 및 주민등록번호(법인인 경우에는 그 대표

자의 성명 및 주민등록번호)

다. 제조소의 명칭 및 소재지

라. 제조관리자의 성명, 그 자격 구분 및 주민등록번호(제조업자 자신이 제조업무를 관리하는 경우에는 그 사실과 자격 구분)

2. 의약품 위탁제조판매업 신고의 경우

가. 신고수리번호 및 수리 연월일

나. 위탁제조판매업자의 성명 및 주민등록번호(법인인 경우에는 그 대표자의 성명 및 주민등록번호)

다. 위탁제조판매업소의 명칭 및 소재지

라. 안전관리책임자의 성명, 그 자격 구분 및 주민등록번호

2의2. 의약품등 수입업 신고의 경우

가. 신고수리번호 및 수리 연월일

나. 수입자의 성명 및 주민등록번호(법인인 경우에는 그 대표자의 성명 및 주민등록번호)

다. 영업소의 명칭 및 소재지

라. 수입관리자의 성명, 그 자격 구분 및 주민등록번호(수입자 자신이 수입업무를 관리하는 경우에는 그 사실 및 자격 구분)

마. 안전관리책임자의 성명, 그 자격 구분 및 주민등록번호

3. 제조판매 · 수입 품목신고의 경우

가. 신고수리번호 및 수리 연월일

나. 제품명

③ 식품의약품안전처장 또는 지방청장은 제39조에 따라 시설 조건부 허가를 한 경우에는 허가대장에 제1항 각 호의 구분에 따라 해당 사항을 적어 넣고, 별지 제14호서식의 의약품 제조업 시설 조건부 허가증 또는 별지 제15호서식의 의약품 제조판매품목 시설 조건부 허가증(전자문서로 된 허가증을 각각 포함한다. 이하 같다)을 발급해야 한다. 〈개정 2021. 3. 8., 2022. 7. 21.〉

④ 식품의약품안전처장 또는 지방청장은 제40조제2항에 따른 조건이행의 확인 결과 조건이 이행된 경우에는 조건부 허가증을 제1

항의 해당 허가증으로 바꾸어 발급한다.

⑤ 제1항 및 제2항에 따라 허가증 또는 신고증을 발급받은 자가 허가받거나 신고한 품목과 동일한 품목을 동물용 의약품등으로 제조·판매하기 위하여 「동물용 의약품등 취급규칙」에 따라 동물용 의약품 제조업 허가, 품목허가 또는 품목신고 등을 신청하는 경우 제4조 및 제5조에 따라 제출한 자료의 전부 또는 일부를 농림축산검역본부장 및 국립수산물품질관리원장에게 제공할 것을 식품의약품안전처장에게 요청할 수 있다. 〈신설 2018. 3. 30., 2022. 1. 20.〉

⑥ 제5항에 따른 자료제공 요청을 받은 식품의약품안전처장은 해당 자료를 농림축산검역본부장 및 국립수산물품질관리원장에게 제공할 수 있다. 〈신설 2018. 3. 30., 2022. 1. 20.〉

제14조(의약품등의 허가사항 확인 등) ① 법 제31조, 법 제31조의2 및 법 제42조에 따른 의약품등의 허가, 신고 또는 원료의약품의 등록사항 등의 확인 또는 증명을 받으려는 자는 확인신청서 또는 증명신청서(전자문서로 된 신청서를 포함하며, 외국어의 경우에는 번역문을 포함한다)를 식품의약품안전처장 또는 지방청장에게 제출하여야 한다. 〈개정 2014. 8. 21.〉

② 제1항에 따라 확인서 또는 증명서를 받으려는 자는 식품의약품안전처장이 정하여 고시하는 수수료를 내야 한다.

제15조(원료의약품의 등록) ① 법 제31조의2제1항 또는 제42조제5항에 따라 등록대상 원료의약품을 등록하려는 자는 별지 제16호서식의 원료의약품 등록신청서(전자문서로 된 등록신청서를 포함한다)에 다음 각 호의 자료(전자문서를 포함한다) 등을 첨부하여 식품의약품안전처장에게 제출해야 한다. 이 경우 특히 자료의 보호가 필요한 경우에는 다음 각 호의 자료를 원료의약품 공급자가 직접 식품의약품안전처장에게 제출할 수 있다. 〈개정 2014. 8. 21., 2016. 10. 28., 2021. 3. 8., 2022. 12. 29., 2023. 10. 25., 2024. 12. 30.〉

1. 원료의약품의 제조소에 관한 다음 각 목의 구분에 따른 자료

가. 제조판매품목: 제48조의2제5항에 따른 제조 및 품질관리기준 적합판정서 사본. 다만, 적합판정서 사본을 제출할 수 없는 불가피한 사유가 있는 경우에는 그 사유 및 제출가능일을 기재한 사유서를 우선 제출할 수 있다.

나. 수입품목: 생산국의 정부기관 또는 의약품실사상호협력기구(PIC/S) 가입 정부기관이 발급한 것으로서 의약품실사상호협력기구 또는 세계보건기구(WHO)의 원료의약품 제조 및 품질관리기준에 적합하게 제조되고 있음을 나타내는 증명서

2. 원료의약품의 성분·명칭과 제조방법에 관한 다음 각 목의 자료

가. 물리화학적 특성과 안정성에 관한 자료

나. 제조방법, 포장, 용기 및 취급상의 주의사항 등에 관한 자료

다. 원료의약품의 시험성적서, 분석방법 및 사용된 용매 등에 관한 자료

라. 시험용 원료의약품(식품의약품안전처장이 품질검사를 위하여 특별히 필요하다고 인정하는 경우에만 해당한다)

3. 삭제 〈2016. 10. 28.〉

4. 삭제 〈2016. 10. 28.〉

5. 삭제 〈2016. 10. 28.〉

6. 삭제 〈2016. 10. 28.〉

② 제1항에도 불구하고 제16조 후단에 따라 공고된 제조소에서 동일한 시설을 이용하여 제조된 원료의약품을 등록하려는 경우 등 식품의약품안전처장이 정하는 경우에는 제1항제1호의 자료를 제출하지 아니할 수 있다. 〈신설 2016. 10. 28., 2021. 3. 8.〉

③ 식품의약품안전처장 또는 지방청장은 제1항에 따른 등록 신청이 식품의약품안전처장이 정하여 고시하는 등록기준에 적합한지를 판정하기 위하여 품질검사를 할 수 있다. 〈개정 2014. 8. 21., 2016. 10. 28., 2024. 12. 30.〉

④ 제1항에 따른 원료의약품을 등록하려는 자는 식품의약품안전처장이 정하여 고시하는 수수료를 내야 한다. 〈개정 2016. 10. 28., 2024. 12. 30.〉

⑤ 제1항 각 호에 따른 자료의 작성요령, 자료의 요건 및 면제 범위 등에 관한 세부 사항은 식품의약품안전처장이 정하여 고시한다. 〈개정 2016. 10. 28.〉

제16조(원료의약품 등록대장과 등록증 등) 법 제31조의2제2항 및 이 규칙 제15조에 따라 식품의약품안전처장은 원료의약품 등록을 한 경우에는 원료의약품 등록대장(전자문서로 된 대장을 포함한다. 이하 같다)에 다음 각 호의 사항을 적고, 신청인에게 별지 제17호서식의 원료의약품 등록증(전자문서로 된 등록증을 포함한다. 이하 같다)을 발급하여야 한다. 이 경우 식품의약품안전처장은 다음 각 호의 사항을 인터넷 등으로 공고하여야 한다. 〈개정 2016. 10. 28., 2021. 3. 8.〉

1. 원료의약품의 성분 · 명칭
2. 등록자의 성명
3. 등록번호 및 등록 연월일
4. 제조소의 명칭 및 소재지
5. 제15조제2항에 따라 자료를 첨부하지 않은 경우 그 사실

제17조(원료의약품 등록사항의 변경등록 신청 등) ① 법 제31조의2제3항 본문에 따라 원료의약품의 등록사항 중 다음 각 호의 어느 하나에 해당하는 중요한 사항을 변경하려는 자는 별지 제16호서식의 원료의약품 등록사항 변경등록 신청서(전자문서로 된 신청서를 포함한다)에 원료의약품 등록증(전자문서로 발급받은 경우는 제외한다), 변경사유서(전자문서로 된 사유서를 포함한다) 및 변경 사유를 증명할 수 있는 서류(제15조제1항 각 호의 서류를 말하며, 전자문서를 포함한다)를 첨부하여 식품의약품안전처장에게 제출하여야 한다. 〈개정 2021. 3. 8., 2024. 12. 30.〉

1. 제조소 소재지의 변경. 다만, 행정구역개편에 따라 소재지가

변경되는 경우는 제외한다.

2. 원료의약품의 제조방법 중 별표 1 제1호파목에 따른 원료약품(촉매 및 유기용매 등을 포함한다. 이하 "원료약품"이라 한다), 제조공정 또는 제조단위 규모의 변경. 다만, 제조단위 규모의 변경은 10배 이상으로 변경하는 경우만 해당한다.

3. 원료의약품을 직접 담는 용기나 포장의 재질, 원료의약품의 저장 방법 또는 사용기간의 변경

4. 원료의약품 분석방법의 변경(대한민국약전, 법 제52조에 따른 의약품등의 기준 또는 제4조제1항제1호나목에 따른 공정서에 실려 있지 아니한 방법으로 변경하는 경우만 해당한다)

5. 그 밖에 변경등록이 필요한 경우로서 식품의약품안전처장이 정하여 고시하는 등록사항의 변경

② 법 제31조의2제3항 단서에 따라 원료의약품의 등록사항 중 제1항 각 호에서 규정한 사항 외의 사항을 변경하려는 자는 식품의약품안전처장이 정하는 바에 따라 원료의약품 등록증(전자문서로 발급받은 경우는 제외한다)을 첨부하여 매년 1월 31일까지 식품의약품안전처장에게 변경사항을 보고하여야 한다. 〈개정 2021. 3. 8.〉

③ 식품의약품안전처장은 제1항 또는 제2항에 따라 변경등록 신청 또는 변경보고를 받은 경우에는 제16조에 따른 원료의약품 등록대장 및 원료의약품 등록증에 변경사항을 적고, 원료의약품 등록증을 내주어야 한다. 이 경우 식품의약품안전처장은 변경사항을 인터넷 등에 공고하여야 한다. 〈개정 2021. 3. 8.〉

④ 식품의약품안전처장 또는 지방청장은 제1항에 따른 변경등록 신청이 제15조제3항에 따른 등록기준에 적합한지를 판정하기 위하여 품질검사를 할 수 있다. 〈개정 2014. 8. 21., 2024. 12. 30.〉

⑤ 제1항에 따라 변경등록을 신청하는 자는 식품의약품안전처장이 정하여 고시하는 수수료를 내야 한다. 〈개정 2024. 12. 30.〉

제18조 삭제 〈2015. 3. 13.〉

제19조(품목허가 및 품목신고의 유효기간 산정방법 등) 법 제31조

의5제1항의 유효기간은 다음 각 호의 구분에 따른 날부터 기산(起算)한다. 〈개정 2025. 2. 21.〉

1. 2013년 1월 1일 이후 제조판매·수입 품목허가를 받거나 품목신고를 한 품목: 그 허가일 또는 신고일

2. 삭제 〈2025. 2. 21.〉

3. 제조판매·수입 품목허가 또는 품목신고를 갱신한 품목: 종전의 유효기간 만료일의 다음 날

4. 변경허가를 받거나 변경신고를 하여 법 제31조의5제1항 각 호에 해당하지 않게 된 품목: 그 변경허가일 또는 변경신고일

5. 수출용 의약품으로 변경허가(변경신고를 포함한다. 이하 이 호에서 같다)를 받은 후에 다시 수출용 의약품이 아닌 품목으로 변경허가를 받은 품목: 수출용 의약품으로 변경허가를 받기 전 품목의 허가일 또는 신고일

[본조신설 2022. 7. 21.]

제20조(제조판매·수입 품목허가 또는 품목신고의 갱신 신청 등) ① 법 제31조의5제3항 및 제42조제5항에 따라 의약품의 제조판매·수입 품목허가를 갱신받거나 품목신고를 갱신하려는 자는 법 제31조의5제1항에 따른 유효기간이 끝나는 날의 6개월 전까지 별지 제20호서식의 의약품 제조판매·수입 품목허가 갱신 신청서 또는 품목신고 갱신 신고서(전자문서로 된 신청서 또는 신고서를 포함한다)에 다음 각 호의 서류 또는 자료(전자문서를 포함한다)를 첨부하여 식품의약품안전처장(의약품 동등성의 입증이 필요한 의약품 제조판매·수입 품목허가의 갱신이나 제5조제2항에 따른 품목신고의 갱신의 경우에는 지방청장을 말한다. 이하 제2항 및 제3항에서 같다)에게 제출해야 한다. 〈개정 2015. 9. 25., 2018. 4. 25., 2021. 3. 8., 2023. 10. 25., 2025. 2. 21.〉

1. 유효기간 동안 수집된 법 제37조의3제1항에 따른 시판 후 안전관리에 관한 자료, 조치계획 및 국내외 안전성 관련 조치에 관한 자료

2. 품목허가 또는 품목신고 사항 중 효능·효과 및 용법·용량을 입증할 수 있는 외국에서의 사용현황 등의 자료

3. 유효기간 동안 수집된 품질관리에 관한 자료

4. 표시기재에 관한 사항

5. 제조·수입 실적에 관한 자료

6. 제조판매·수입 품목허가증 또는 품목신고증 사본(전자문서로 발급받은 경우는 각각 제외한다)

② 식품의약품안전처장은 제1항에 따라 제출된 자료를 제2조부터 제5조까지, 제7조, 제8조, 제11조, 제12조, 제69조부터 제71조까지 및 제85조에 따른 허가·신고 기준에 따라 검토하여 적합하다고 인정되는 경우에는 별지 제10호서식의 의약품 제조판매·수입 품목허가증 또는 별지 제13호서식의 의약품 제조판매·수입 품목신고증을 발급하여야 한다.

③ 식품의약품안전처장은 법 제31조의5제4항에 따라 의약품의 제조판매·수입 품목허가 또는 품목신고를 갱신하지 아니하는 경우에는 그 사유를 명시하여 제1항에 따라 신청서 또는 신고서를 제출한 자에게 서면으로 통보하여야 한다.

④ 제1항에 따른 자료의 작성요령, 각 자료의 요건 및 면제 범위 등에 관한 세부 사항은 식품의약품안전처장이 정하여 고시한다.

⑤ 제1항에 따라 의약품의 제조판매·수입 품목허가를 갱신받거나 품목신고를 갱신하려는 자는 식품의약품안전처장이 정하여 고시하는 수수료(외국에서의 현지실사 경비를 포함한다)를 내야 한다. 〈개정 2020. 10. 14.〉

제21조(제조판매·수입 품목허가 갱신의 예외) 법 제31조의5제5항 단서에서 "총리령으로 정하는 부득이한 사유로 제조되지 못한 의약품"이란 의약품의 수요 부족이나 원료공급의 불안정 등의 사유로 제조되지 못한 의약품으로서 다음 각 호의 어느 하나에 해당하는 의약품을 말한다.

1. 희귀의약품

2. 「국민건강보험 요양급여의 기준에 관한 규칙」 제13조제4항제7호에 해당하는 의약품

3. 사람이나 동물의 체액 등을 원료로 하는 생물학적 제제인 의약품

4. 국가적 재난에 대비할 목적으로 국가가 비축·관리할 필요성이 있는 의약품

5. 제1호부터 제4호까지의 의약품에 준하는 의약품으로서 식품의약품안전처장이 정하여 고시하는 의약품

제21조의2(자료보호의약품의 자료보호 등) ① 법 제31조의6제1항제3호에서 "총리령으로 정하는 의약품"이란 다음 각 호의 어느 하나에 해당하는 것으로서 제4조제1항 및 제5조제2항에 따라 품목허가(변경허가를 포함한다. 이하 이 조에서 같다) 신청 또는 품목신고(변경신고를 포함한다. 이하 이 조에서 같다)하는 때에 식품의약품안전처장이 정하여 고시하는 바에 따라 반드시 임상시험자료를 제출해야 하는 의약품을 말한다.

1. 이미 품목허가를 받은 의약품과 유효성분의 종류 또는 배합비율이 다른 전문의약품

2. 이미 품목허가를 받은 의약품과 유효성분은 동일하나 투여경로가 다른 전문의약품

② 법 제31조의6제1항제4호에서 "총리령으로 정하는 의약품"이란 다음 각 호의 어느 하나에 해당하는 것으로서 제4조제1항 및 제5조제2항에 따라 품목허가 신청 또는 품목신고하는 때에 식품의약품안전처장이 정하여 고시하는 바에 따라 반드시 임상시험자료를 제출해야 하는 의약품을 말한다.

1. 이미 품목허가를 받은 의약품과 유효성분 및 투여경로는 동일하나 명백하게 다른 효능·효과를 추가한 전문의약품

2. 임상시험을 실시하여 12세 미만의 어린이용 용법·용량으로 품목허가를 받은 의약품

3. 제1항 각 호의 의약품 및 이 항 제1호·제2호의 의약품 외에

용법·용량이 개선되는 등 식품의약품안전처장이 자료보호가 필요하다고 인정하는 의약품

③ 법 제31조의6제3항에서 "자료보호의약품의 제품명 및 자료보호기간 등 총리령으로 정하는 사항"이란 다음 각 호의 사항을 말한다.

1. 법 제31조의6제1항에 따른 자료보호의약품(이하 "자료보호의약품"이라 한다)의 제품명

2. 자료보호의약품의 자료보호기간

3. 자료보호의약품의 품목허가를 받거나 품목신고한 제조(영업)소의 명칭

4. 자료보호의약품에 대해 임상시험자료를 제출하여 제조판매·수입 품목허가를 받거나 품목신고한 효능·효과

5. 그 밖에 식품의약품안전처장이 공개할 필요가 있다고 인정하는 사항

④ 식품의약품안전처장은 자료보호의약품의 자료보호 및 공개 등과 관련하여 필요하다고 인정하는 경우에는 법 제18조제1항에 따른 중앙약사심의위원회에 자문을 하거나 관계 전문가의 의견을 들을 수 있다.

[본조신설 2025. 2. 21.]

제22조 삭제 〈2025. 2. 21.〉

제23조 삭제 〈2025. 2. 21.〉

제23조의2(신약 등의 위해성 관리 계획의 수립·제출 대상) ① 법 제32조의2제1항제4호에서 "이미 품목허가를 받은 의약품과 유효성분의 종류 또는 배합비율이 다른 전문의약품 등 총리령으로 정하는 의약품"이란 다음 각 호의 의약품을 말한다.

1. 이미 품목허가를 받은 의약품과 유효성분의 종류 또는 배합비율이 다른 전문의약품

2. 이미 품목허가를 받은 의약품과 유효성분은 동일하나 투여경로가 다른 전문의약품

3. 이미 품목허가를 받은 의약품과 유효성분 또는 투여경로는 동

일하나 명백하게 다른 효능·효과를 추가한 전문의약품

4. 그 밖에 위해성 관리 계획을 제출할 필요가 있다고 식품의약품안전처장이 정하여 고시하는 의약품

② 제1항에도 불구하고 다음 각 호의 의약품은 위해성 관리 계획을 제출하지 않을 수 있다.

1. 신규성이 없어 위해성 관리 계획을 제출할 필요가 없다고 식품의약품안전처장이 인정하는 의약품

2. 안전성·유효성이 충분히 확보되었다고 식품의약품안전처장이 인정하는 의약품

[본조신설 2025. 2. 21.]

제23조의3(신약 등의 위해성 관리 계획의 수립·제출 방법 등) ① 위해성 관리 계획에는 다음 각 호의 내용이 포함되어야 한다.

1. 안전성 중점검토항목

2. 유효성 중점검토항목

3. 약물감시 계획 및 방법

4. 위해성 완화 조치 방법

② 법 제32조의2제1항 또는 제42조제5항에 따라 위해성 관리 계획을 제출한 의약품에 대하여 품목허가를 받은 자는 위해성 관리 계획의 변경을 위하여 제조판매품목 또는 수입품목의 변경허가를 신청하거나 변경신고할 수 있다. 이 경우 식품의약품안전처장은 제3항에 따른 위해성 관리 결과 등을 종합적으로 검토하여 위해성 관리 계획의 변경 여부를 결정할 수 있다.

③ 법 제32조의2제3항 또는 제42조제5항에 따른 위해성 관리를 실시한 결과의 제출 주기에 관하여는 별표 4의3 제8호나목을 준용한다.

④ 제1항부터 제3항까지의 규정에서 정한 사항 외에 위해성 관리 계획 작성 방법, 위해성 관리 및 결과 제출 등에 필요한 세부 사항은 식품의약품안전처장이 정하여 고시한다.

[본조신설 2025. 2. 21.]

제24조(임상시험계획의 승인 등) ① 법 제34조제1항에 따른 임상시험계획의 승인을 받으려는 자는 별지 제23호서식의 임상시험계획 승인 신청서(전자문서로 된 신청서를 포함한다)에 다음 각 호의 서류(전자문서를 포함한다) 및 자료(전자문서를 포함한다)를 첨부하여 식품의약품안전처장에게 제출해야 한다. 〈개정 2014. 8. 21., 2016. 10. 28., 2017. 1. 4., 2018. 3. 30., 2018. 10. 25., 2022. 12. 29., 2023. 10. 25., 2024. 10. 4.〉

1. 개발계획

2. 임상시험자 자료집

3. 별표 1의 의약품 제조 및 품질관리기준 및 별표 4의2의 임상시험용의약품 제조 및 품질관리기준에 맞게 제조되었음을 증명하는 서류 또는 자료(평가받는 데 필요하다고 식품의약품안전처장이 정하여 고시하는 서류 또는 자료를 포함한다). 이 경우 임상시험용의약품이 다음 각 목에 해당하는 경우에는 해당 기준에 맞게 제조되었음을 증명하는 서류 또는 자료(평가받는 데 필요하다고 식품의약품안전처장이 정하여 고시하는 서류 또는 자료를 포함한다)를 추가로 제출해야 한다.

가. 생물학적제제등: 별표 3의 생물학적제제등 제조 및 품질관리기준

나. 방사성의약품: 별표 3의2의 방사성의약품 제조 및 품질관리기준

다. 의료용 고압가스: 별표 3의3의 의료용 고압가스 제조 및 품질관리기준

3의2. 혈액제제의 경우 별표 3의4의 혈액제제 제조 및 품질관리기준에 맞게 제조되었음을 증명하는 서류 또는 자료(평가받는 데 필요하다고 식품의약품안전처장이 정하여 고시하는 서류 또는 자료를 포함한다)

4. 임상시험용의약품 관련 제조 및 품질에 관한 자료

5. 비임상시험성적에 관한 자료

6. 시험약의 과거 임상적 사용경험에 관한 자료(제출할 수 있는 경우만 해당한다)

7. 법 제34조의2제2항에 따른 임상시험실시기관(이하 "임상시험실시기관"이라 한다), 같은 항에 따른 임상시험검체분석기관(이하 "임상시험검체분석기관"이라 한다), 시험자 및 수탁기관 등에 관한 자료

8. 임상시험 피해자 보상에 관한 규약

9. 시험대상자 동의서 서식

10. 임상시험 계획서

② 제1항제10호에 따른 임상시험 계획서에 포함되어야 할 사항은 다음 각 호와 같다. 〈개정 2015. 9. 25., 2016. 10. 28., 2018. 10. 25., 2021. 9. 10., 2022. 12. 7.〉

1. 시험의 제목, 단계, 계획서 식별번호 및 제개정이력 등

2. 시험계획서 요약

3. 서론(배경, 이론적 근거, 유익성·위험성 평가 및 용량 설정 근거 등)

4. 시험의 목적

5. 시험모집단(대상자수, 선정기준, 제외기준 및 중도탈락기준 등)

6. 시험 설계 내용(시험기간, 시험군·대조군, 배정, 눈가림 및 흐름도 등)

7. 시험종료 및 조기중단 기준

8. 임상시험용의약품의 정보 및 관리(표시 및 포장, 투여경로, 투여방법, 보관조건, 출납관리, 회수 및 폐기 등)

9. 시험의 방법 및 투약계획 등(투여 및 치료일정, 병용약물, 투여금지 약물 및 치료순응도 등)

10. 시험 절차 및 평가(방문일정, 시험일정표, 유효성·안전성 평가변수와 평가 및 이상사례 보고 등)

11. 자료분석 및 통계학적 고려사항(분석군, 통계분석방법, 판정기준, 분석시기 및 대상자수 설정근거 등)

12. 자료관리(기록, 수집, 접근, 보호 및 보관 등)

13. 윤리적 고려사항 및 행정적 절차(임상시험관리기준 및 동의절차 등 규정, 윤리준수, 대상자 안전보호 대책, 결과발표, 환자기록 비밀유지, 품질관리 및 신뢰성 보증 등)

14. 임상시험을 하려는 자(이하 "임상시험 의뢰자"라 한다)의 정보, 시험책임자 성명 및 직책

15. 두 제제에 대한 동등성을 확인하기 위하여 실시하는 비교용출 시험방법(임상시험 중 생물학적 동등성시험을 실시하는 경우만 해당한다). 다만, 생물학적 동등성시험에 사용할 대조약과의 비교용출 시험 결과가 대조약과 동등한 것으로 판정된 품목으로서 비교용출 시험 실시 후 해당 품목의 원료약품 및 그 분량, 제조방법 및 제조원의 변경이 없는 품목은 비교용출 시험방법을 적지 아니할 수 있다.

16. 그 밖에 임상시험을 안전하게 과학적으로 실시하기 위하여 필요한 사항

③ 법 제34조제1항에 따라 승인받은 임상시험계획의 변경승인을 받으려는 자는 별지 제23호서식의 임상시험계획 변경승인 신청서(전자문서로 된 신청서를 포함한다)에 임상시험 계획서(전자문서를 포함한다)와 변경하려는 사항에 관한 변경사유서(전자문서를 포함한다) 및 제1항제1호부터 제9호까지의 서류 또는 자료(전자문서를 포함하며, 필요한 경우만 해당한다)를 첨부하여 식품의약품안전처장에게 제출하여야 한다. 〈신설 2016. 10. 28.〉

④ 다음 각 호의 어느 하나에 해당하는 임상시험계획의 변경은 제3항에 따라 변경승인을 받아야 한다. 〈신설 2016. 10. 28., 2018. 10. 25., 2020. 10. 14.〉

1. 시험 목적의 변경

2. 신청인의 변경

3. 시험대상자의 안전 또는 시험결과의 신뢰성에 중대한 영향을 미치는 변경으로서 다음 각 목의 어느 하나에 해당하는 변경

가. 시험모집단의 변경으로서 대상자수의 유의한 변경, 대상자 선정기준의 변경, 대상자 제외기준의 변경 또는 중도탈락 기준의 완화

나. 시험설계의 변경으로서 시험군 또는 대조군의 제외

다. 삭제 〈2020. 10. 14.〉

라. 임상시험용의약품 정보의 변경으로서 기준의 완화, 시험항목의 삭제 또는 제조원의 변경

마. 삭제 〈2020. 10. 14.〉

바. 안전성·유효성 평가기준의 변경으로서 평가변수의 변경

사. 그 밖에 식품의약품안전처장이 정하는 변경

⑤ 법 제34조제1항 단서에 따라 다음 각 호의 어느 하나에 해당하는 임상시험계획의 변경은 식품의약품안전처장에게 보고하여야 한다. 〈신설 2016. 10. 28., 2018. 10. 25., 2020. 10. 14.〉

1. 임상시험실시기관 또는 임상시험검체분석기관의 변경

2. 시험책임자의 변경

3. 제4항제3호 각 목의 어느 하나에 해당하는 변경으로 시험대상자의 안전 또는 시험결과의 신뢰성에 중대한 영향을 미치지 아니하는 변경

3의2. 시험군 또는 대조군의 추가

3의3. 임상시험 종료 및 조기중단 기준의 변경

3의4. 임상시험대상자에 대한 투약방법 및 투약기간의 변경

3의5. 임상시험용의약품에 대한 안전성·유효성 평가방법의 변경

4. 기타 탐색적 평가변수의 변경

5. 삭제 〈2018. 10. 25.〉

⑥ 제1항 및 제3항에도 불구하고 법 제35조의6에 따라 임상시험의 승인 또는 변경승인에 필요한 자료의 작성기준에 관하여 사전검토를 받아 식품의약품안전처장이 인정한 경우에는 제1항제1호부터 제10호까지의 서류 또는 자료를 제출하지 아니할 수 있다. 〈신설 2016. 10. 28., 2022. 1. 20.〉

⑦ 식품의약품안전처장은 제1항에 따라 제출된 임상시험계획 승

인신청서 또는 제3항에 따라 제출된 임상시험계획 변경승인신청서를 검토하여 적합하다고 인정되는 경우에는 계획서별로 계획서 승인 번호를 부여하여 별지 제24호서식의 임상시험계획 승인서(전자문서로 된 승인서를 포함한다. 이하 같다)를 발급하여야 하며, 변경승인을 할 때에는 승인서의 변경 및 처분사항란에 변경사항을 적어야 한다. 〈개정 2016. 10. 28., 2021. 3. 8.〉

⑧ 법 제34조제2항에 따라 다음 각 호의 어느 하나에 해당하는 시험에 대해서는 법 제34조제1항에 따른 식품의약품안전처장의 승인대상에서 제외한다. 〈개정 2014. 5. 9., 2016. 10. 28., 2022. 12. 7.〉

1. 판매 중인 의약품등의 허가사항에 대한 임상적 효과관찰 및 이상사례 조사를 위하여 실시하는 시험

2. 판매 중인 의약품등의 허가된 효능·효과 등에 대한 안전성·유효성 자료의 수집을 목적으로 하는 시험

3. 대체의약품 또는 표준치료법 등이 없어 기존의 치료방법으로는 만족할 만한 효과를 기대하기 어려워, 생명에 위협을 주는 질환인 말기암 또는 후천성면역결핍증 등의 치료법을 개발하기 위하여 판매 중인 의약품등을 사용하는 시험

4. 의약외품을 사용하는 시험

5. 그 밖에 판매 중인 의약품등을 사용하는 경우에 안전성과 직접적으로 관련되지 아니하거나 윤리적인 문제가 발생할 우려가 없는 경우로서 식품의약품안전처장이 정하는 경우

⑨ 제1항 및 제2항에 따른 임상시험계획 승인신청과 제3항부터 제5항까지에 따른 임상시험계획의 변경승인신청 또는 변경보고를 할 때에 제출하여야 하는 자료의 범위·요건·작성요령 및 작성시기와 제출하지 아니할 수 있는 자료의 범위, 제7항에 따른 임상시험계획 승인서 발급 등에 대한 세부사항은 식품의약품안전처장이 정하여 고시한다. 〈개정 2016. 10. 28.〉

⑩ 제1항 및 제3항에 따라 임상시험계획의 승인 또는 변경승인을

받으려는 자는 식품의약품안전처장이 정하여 고시하는 수수료(외국에서의 현지실사 경비를 포함한다)를 내야 한다. 〈개정 2016. 10. 28., 2020. 10. 14.〉

제25조 삭제 〈2018. 10. 25.〉

제26조(임상시험실시기관 또는 임상시험검체분석기관이 아닌 의료기관의 임상시험) 법 제34조제3항제1호 단서에서 "총리령으로 정하는 임상시험"이란 다음 각 호의 어느 하나에 해당하는 임상시험을 말한다. 〈개정 2018. 10. 25., 2022. 7. 21.〉

1. 임상시험실시기관이 없는 시ㆍ군ㆍ구(자치구를 말한다. 이하 같다) 중 한정된 지역에서 대량으로 발병하는 말라리아 등의 질환 치료에 사용되는 의약품에 대한 임상시험

2. 「의료법」 제3조의5에 따라 지정된 전문병원에서 주로 치료제로 사용되는 의약품 및 가벼운 증상 등의 치료에 사용되는 의약품을 사용하는 임상시험으로서 식품의약품안전처장이 인정하는 임상시험

3. 그 밖에 임상시험 특성상 임상시험실시기관 또는 임상시험검체분석기관이 아닌 의료기관의 참여가 필요하다고 식품의약품안전처장이 인정하는 임상시험

[제목개정 2022. 7. 21.]

제27조(집단시설) 법 제34조의2제3항제1호 본문에서 "총리령으로 정하는 집단시설"이란 다음 각 호의 시설을 말한다. 〈개정 2017. 12. 13., 2018. 10. 25.〉

1. 「아동복지법」 제52조제1항제1호ㆍ제2호ㆍ제3호ㆍ제5호에 따른 아동복지시설

2. 「장애인복지법」 제58조제1항제1호에 따른 장애인 거주시설

3. 「정신건강증진 및 정신질환자 복지서비스 지원에 관한 법률」 제3조제4호의 정신건강증진시설(정신의료기관은 수용시설을 갖추고 있는 것만 해당한다)

4. 「노인복지법」 제32조제1항제1호ㆍ제2호 및 같은 법 제34조제

1항제1호 · 제2호에 따른 노인복지시설

5. 「한부모가족지원법」 제19조에 따른 모자가족복지시설(기본생활지원, 자립생활지원) · 부자가족복지시설(기본생활지원, 자립생활지원) · 미혼모자가족복지지설(기본생활지원) 및 일시지원복지시설

6. 「성매매방지 및 피해자보호 등에 관한 법률」 제9조제1항에 따른 일반 지원시설 및 청소년 지원시설

7. 「성폭력방지 및 피해자보호 등에 관한 법률」 제12조에 따른 성폭력피해자보호시설

8. 「가정폭력방지 및 피해자보호 등에 관한 법률」 제7조에 따른 가정폭력피해자 보호시설

9. 「보호관찰 등에 관한 법률」 제67조에 따른 갱생보호사업의 허가를 받은 자가 갱생보호사업을 위하여 설치한 시설(수용시설을 갖추고 있는 것만 해당한다)

10. 「형의 집행 및 수용자의 처우에 관한 법률」 및 「군에서의 형의 집행 및 군수용자의 처우에 관한 법률」에 따른 교정시설

11. 「보호소년 등의 처우에 관한 법률」에 따른 소년원 및 소년분류심사원

12. 「출입국관리법」 제52조제2항에 따른 보호시설

제28조

[종전 제28조는 제38조의6으로 이동 〈2023. 10. 25.〉]

제29조

[종전 제29조는 제38조의7로 이동 〈2023. 10. 25.〉]

제29조의2

[종전 제29조의2는 제38조의8로 이동 〈2023. 10. 25.〉]

제30조(임상시험의 실시 기준 등) ① 법 제34조에 따른 임상시험은 다음 각 호의 기준 및 별표 4의 의약품 임상시험 관리기준에 따라 실시해야 한다. 〈개정 2014. 8. 21., 2016. 10. 28., 2017. 1. 4., 2017. 12. 13., 2018. 10. 25., 2019. 6. 12., 2022. 7. 21., 2022. 12. 7., 2022. 12. 29., 2025. 2. 21.〉

1. 임상시험 의뢰자, 임상시험실시기관 또는 임상시험검체분석기관의 장은 임상시험을 식품의약품안전처장이 승인 또는 변경승인한 임상시험 (변경)계획서에 따라 안전하고 과학적인 방법으로 실시할 것

2. 법 제34조제3항제1호 단서에 따른 임상시험실시기관이 아닌 의료기관은 임상시험실시기관의 관리 · 감독을 받아 임상시험을 실시할 것

3. 임상시험 의뢰자는 전문지식과 윤리적 소양을 갖추고 해당 의약품등의 임상시험을 하기에 충분한 경험이 있는 자 중에서 임상시험의 책임자를 선정할 것

4. 임상시험 책임자는 법 제34조의2제3항제2호 · 제3호 및 별표 4의 의약품 임상시험 관리기준에 따라 임상시험 대상자 또는 대리인(임상시험 대상자의 동의를 받지 못하는 경우만 해당한다)의 서면동의를 받을 것

5. 임상시험 의뢰자와 임상시험실시기관 및 임상시험검체분석기관의 장은 시험대상자의 안전대책을 강구할 것

6. 임상시험 의뢰자는 임상시험계획 승인 받은 날부터 2년 이내에 임상시험을 시작할 것

7. 임상시험 의뢰자는 임상시험 전에 식품의약품안전처장이 정한 바에 따라 별표 4 제2호고목에 따른 임상시험자 자료집(이하 "임상시험자 자료집"이라 한다)을 같은 호 버목에 따른 시험자(이하 "시험자"라 한다)에게 제공할 것

8. 임상시험 의뢰자는 안전성 · 유효성과 관련된 새로운 자료 또는 정보사항 등을 입수한 경우에는 지체 없이 이를 시험자에게 알릴 것

9. 임상시험 의뢰자는 별표 1, 별표 3(생물학적제제등의 경우만 해당한다), 별표 3의2(방사성의약품의 경우만 해당한다), 별표 3의3(의료용 고압가스의 경우만 해당한다), 별표 3의4(혈액제제의 경우만 해당한다) 및 별표 4의2의 기준에 맞게 제조된 임상시험용의약품을 사용할 것

10. 임상시험계획승인을 받은 자는 해당 임상시험을 실시하는 경우 다음 각 목의 구분에 따라 해당 정보를 기간 내에 식품의약품안전처장에게 제출할 것

가. 최초 및 최종 시험대상자 현황: 최초 및 최종 시험대상자를 선정한 날(다국가 임상시험의 경우는 최종 시험대상자의 참여가 확정된 날을 말한다)부터 30일 이내

나. 최종 시험대상자 관찰 종료 현황: 관찰 종료일부터 20일 이내

다. 임상시험 실시상황: 매년 실시한 상황을 다음 해 3월 말까지

라. 별지 제32호서식에 따른 임상시험용의약품(다음에 해당하는 의약품을 개발하기 위한 임상시험용의약품으로 한정한다)에 대한 정기적인 최신 안전성정보 보고: 국내외에서 최초로 임상시험계획의 승인을 받은 후 매 1년이 되는 날부터 60일 이내

1) 신약

2) 희귀의약품

3) 이미 품목허가를 받은 의약품과 유효성분의 종류 또는 배합비율이 다른 전문의약품

4) 이미 품목허가를 받은 의약품과 유효성분은 동일하나 투여경로가 다른 전문의약품

5) 이미 품목허가를 받은 의약품과 유효성분 및 투여경로는 동일하나 명백하게 다른 효능·효과를 추가한 전문의약품

6) 임상시험을 실시하여 12세 미만의 어린이용 용법·용량으로 품목허가를 받은 의약품

마. 임상시험 최종 결과: 최종 시험대상자(다국가 임상시험의 경우 국외 시험대상자를 포함한다) 관찰 종료일부터 1년 이내

10의2. 임상시험실시기관의 장은 매년 임상시험의 실시상황에 대하여 별지 제32호의2서식의 임상시험 실시상황 보고서(전자문서로 된 보고서를 포함한다)에 임상시험 실시현황 목록을 첨부하여 다음

해 3월 말까지 식품의약품안전처장에게 제출할 것

11. 삭제 〈2018. 10. 25.〉

12. 임상시험 의뢰자와 임상시험실시기관 및 임상시험검체분석기관의 장은 임상시험 계획서, 임상시험용 의약품등의 제조 및 관리에 관한 기록 등 임상시험 실시와 관련된 각종 자료(전자문서를 포함한다)를 다음 각 목의 구분에 따라 보존할 것

가. 제조판매·수입 품목허가(변경허가를 포함한다)를 위한 임상시험: 제조판매·수입 품목허가일부터 3년간

나. 가목 외의 임상시험: 시험의 완료일부터 3년간

13. 임상시험계획승인을 받은 자는 중대하고 예상하지 못한 약물이상반응이 발생한 경우에는 별표 4의 의약품 임상시험 관리기준 제8호러목에 따라 식품의약품안전처장에게 보고할 것

13의2. 임상시험검체분석기관의 장은 검체분석의 계획수립 및 수행, 품질관리, 자료 보관 등 임상시험검체분석의 적정한 실시를 위하여 필요한 사항에 관하여 식품의약품안전처장이 정하여 고시하는 기준을 준수할 것

14. 임상시험실시기관의 장은 건강한 사람을 대상으로 임상시험을 실시하기 전에 임상시험에 참여하고자 하는 본인의 동의를 받아 6개월 이내 다른 임상시험에 참여하였는지 여부를 식품의약품안전처장이 지정하는 인터넷 홈페이지 등을 통하여 확인하고, 6개월 이내 다른 임상시험에 참여한 사람을 제외할 것

② 제1항에 따른 임상시험실시기관의 지정에 관한 세부 사항은 식품의약품안전처장이 정하여 고시한다.

③ 식품의약품안전처장은 법 제34조에 따라 승인 또는 변경승인을 받은 임상시험계획서와 제1항제10호 각 목의 구분에 따라 제출받은 자료를 관련 법령에 따라 식품의약품안전처장이 운영하는 인터넷 홈페이지에 공개할 수 있다. 〈신설 2018. 10. 25.〉

제31조 삭제 〈2018. 10. 25.〉

제32조 삭제 〈2015. 9. 25.〉

제33조(임상시험용 의약품등의 사용금지 등) 식품의약품안전처장은 임상시험이 다음 각 호의 어느 하나에 해당하는 경우에는 법 제34조제6항에 따라 임상시험에 사용되는 의약품등의 사용금지 · 회수 · 폐기 등 필요한 조치를 명할 수 있다. 다만, 제5호 또는 제6호에 해당하더라도 임상시험 대상자의 안전 · 권리 · 복지 또는 시험의 유효성에 부정적 영향을 미치지 않거나, 반복적 또는 고의적인 위반이 아닌 경우에는 주의를 촉구하거나 시정조치를 명할 수 있다. 〈개정 2015. 9. 25., 2017. 12. 13., 2018. 10. 25.〉

1. 임상시험의 대상자가 예상하지 못한 중대한 질병 또는 손상에 노출될 것이 우려되는 경우

2. 임상시험에 사용되는 의약품등을 임상시험의 목적 외의 상업적인 목적으로 제공하는 경우

3. 임상시험자 자료집의 내용을 거짓으로 작성 · 제공한 경우

4. 임상시험용 의약품등이 효과가 없다고 판명된 경우

5. 법 제34조제1항에 따라 승인 또는 변경승인을 받은 사항을 위반하는 경우

6. 별표 4의 의약품 임상시험 관리기준을 위반하는 경우

제34조(임상시험실시기관의 지정요건 및 지정절차 등) ① 임상시험실시기관의 지정요건은 다음 각 호와 같다. 〈개정 2015. 9. 25.〉

1. 다음 각 목의 어느 하나에 해당하는 의료기관일 것

가. 「의료법」 제3조의3에 따른 종합병원

나. 「전문의의 수련 및 자격인정 등에 관한 규정」, 「치과의사전문의의 수련 및 자격인정 등에 관한 규정」, 「한의사전문의의 수련 및 자격인정 등에 관한 규정」에 따른 전문의 수련병원, 수련치과병원 및 수련한방병원

다. 「의료법」 제3조의5에 따라 지정된 전문병원

라. 「전문의의 수련 및 자격인정 등에 관한 규정」 제7조 및 「치과의사전문의의 수련 및 자격인정 등에 관한 규정」 제7조에 따른 수련병원 및 수련치과병원의 지정기준에 준하는 인력과 시설 등

을 보유하고 있는 병원

마. 「첨단의료복합단지 지정 및 지원에 관한 특별법」 제6조에 따라 지정된 첨단의료복합단지 내 임상시험센터

2. 임상시험실시에 필요한 시설, 전문인력 및 기구 등 식품의약품안전처장이 정하여 고시하는 기준에 적합할 것

② 임상시험실시기관으로 지정받으려는 자는 별지 제35호서식의 의약품등 임상시험실시기관 지정 신청서(전자문서로 된 신청서를 포함한다)에 다음 각 호의 서류(전자문서를 포함한다)를 첨부하여 식품의약품안전처장에게 제출해야 한다. 〈개정 2022. 7. 21.〉

1. 삭제 〈2017. 12. 13.〉

2. 제1항제1호 각 목의 어느 하나에 해당하는 의료기관임을 증명하는 서류

3. 인력, 장비ㆍ기구 및 시설의 현황에 관한 자료

4. 임상시험실시에 필요한 표준작업지침서

5. 별표 4의 의약품 임상시험 관리기준에 따른 심사위원회 운영에 관한 규정 및 그 구성에 관한 서류. 다만, 법 제34조의2제3항제5호 단서에 따라 위탁하여 심사하려는 경우에는 위탁계약서를 첨부해야 한다.

③ 제2항에 따른 신청을 받은 식품의약품안전처장은 「전자정부법」 제36조제1항에 따른 행정정보의 공동이용을 통하여 다음 각 호의 서류를 확인하여야 한다. 다만, 제2호의 경우 신청인이 확인에 동의하지 아니하는 때에는 그 사본을 직접 제출하게 하여야 한다. 〈개정 2017. 12. 13.〉

1. 법인 등기사항증명서(법인의 경우만 해당한다)

2. 「의료법 시행규칙」제27조제3항에 따른 의료기관 개설허가증

④ 식품의약품안전처장은 제2항에 따른 신청을 받은 경우에는 신청 내용이 지정요건에 적합한지를 평가하기 위하여 실태조사를 할 수 있다.

⑤ 식품의약품안전처장은 임상시험실시기관을 지정하는 경우에는

신청인에게 별지 제36호서식의 의약품등 임상시험실시기관 지정서(전자문서로 된 지정서를 포함한다. 이하 같다)를 발급하여야 한다. 〈개정 2021. 3. 8.〉

⑥ 임상시험실시기관은 지정받은 사항을 변경하려면 변경 사유가 발생한 날부터 30일 이내에 별지 제35호서식의 의약품등 임상시험실시기관 변경지정 신청서에 의약품등 임상시험실시기관 지정서(전자문서로 발급받은 경우는 제외한다) 및 변경사항을 확인할 수 있는 서류를 첨부하여 식품의약품안전처장에게 제출하여야 한다. 〈개정 2021. 3. 8.〉

⑦ 식품의약품안전처장은 임상시험실시기관의 변경지정을 하는 경우에는 의약품등 임상시험실시기관 지정서에 변경사항을 적어야 한다.

⑧ 식품의약품안전처장은 제5항 또는 제7항에 따라 임상시험실시기관을 지정하거나 변경지정한 경우에는 임상시험실시기관의 명칭, 소재지 및 대표자 등을 인터넷 홈페이지 등에 공고하여야 한다.

⑨ 임상시험실시기관이 법 제34조의2제2항 단서에 따라 식품의약품안전처장에게 보고하여야 하는 사항은 다음 각 호와 같다. 〈신설 2015. 9. 25.〉

1. 임상시험실시기관의 장의 변경
2. 행정구역 개편에 따른 임상시험실시기관의 소재지 변경

⑩ 제2항 또는 제6항에 따라 임상시험실시기관의 지정 또는 변경지정을 신청하려는 자는 식품의약품안전처장이 정하여 고시하는 수수료를 내야 한다. 〈개정 2015. 9. 25.〉

⑪ 임상시험실시기관의 장은 법 제34조의2제3항제5호 단서에 따라 다음 각 호의 어느 하나에 해당하는 경우에는 임상시험 실시에 관한 심사 등의 업무를 중앙임상시험심사위원회(이하 “중앙심사위원회”라 한다)에 위탁할 수 있다. 〈신설 2022. 7. 21.〉

1. 임상시험실시기관의 장이 「공중보건 위기대응 의료제품의 개발 촉진 및 긴급 공급을 위한 특별법」에 따른 공중보건 위기상황에 대응하기 위하여 긴급하게 임상시험 실시에 관한 심사가 필요하다고

인정하는 경우

2. 복수의 임상시험실시기관에서 수행하기로 한 임상시험으로서 통일된 심사가 필요하다고 각 임상시험실시기관의 장이 인정하는 경우

3. 그 밖에 기존 치료법의 효과를 기대하기 어려워 새로운 치료법 개발이 필요한 경우 등으로서 식품의약품안전처장이 정하는 경우

⑫ 임상시험실시기관의 장은 법 제34조의2제3항제5호 단서에 따라 다른 심사위원회의 전문적인 심사가 필요하다고 인정하는 경우에는 임상시험 실시에 관한 심사 등의 업무를 다른 심사위원회에 위탁할 수 있다. 〈신설 2022. 7. 21.〉

⑬ 임상시험실시기관의 지정, 운영 및 관리 등에 필요한 세부 사항은 식품의약품안전처장이 정하여 고시한다. 〈개정 2015. 9. 25., 2022. 7. 21.〉

제35조(임상시험검체분석기관의 지정요건 및 지정절차) ① 법 제34조의2제1항제2호에 따라 임상시험검체분석기관으로 지정받기 위한 요건은 다음 각 호와 같다.

1. 분석책임자, 자료보관 책임자 등 분석에 필요한 전문인력으로서 식품의약품안전처장이 정하여 고시하는 사람을 각각 선임할 것

2. 냉동고, 자료보관실 등 검체의 보관·취급·처리·분석을 위하여 식품의약품안전처장이 정하여 고시하는 기구 및 시설을 갖출 것

3. 분석업무를 위한 표준작업지침서 작성에 관한 사항 등 검체분석의 품질관리를 위하여 식품의약품안전처장이 정하여 고시하는 기준에 적합할 것

② 임상시험검체분석기관으로 지정받고자 하는 자는 별지 제37호서식의 임상시험검체분석기관 지정 신청서(전자문서로 된 신청서를 포함한다)에 다음 각 호의 서류(전자문서를 포함한다)를 첨부하여 식품의약품안전처장에게 제출하여야 한다.

1. 인력 현황에 관한 서류(전문인력의 자격 및 경력을 증명하는 서류를 포함한다)

2. 장비·기구 및 시설의 현황에 관한 서류(시설의 경우 도면을

포함한다)

3. 임상시험검체분석을 실시할 능력이 있음을 증명하기 위하여 식품의약품안전처장이 정하여 고시하는 자료[두 제제 간 약물동태(藥物動態) 지표를 분석하기 위하여 지정받으려는 경우만 해당한다]

4. 임상시험 검체분석의 실시에 필요한 표준작업지침서

③ 제2항에 따른 신청을 받은 식품의약품안전처장은 「전자정부법」 제36조제1항에 따른 행정정보의 공동이용을 통하여 법인 등기사항증명서(법인인 경우만 해당한다)를 확인하여야 한다.

④ 식품의약품안전처장은 제2항에 따른 신청을 받은 경우 신청 내용이 지정요건에 적합한지를 평가하기 위하여 실태조사를 실시할 수 있다.

⑤ 식품의약품안전처장은 제2항에 따른 신청서를 검토한 후 임상시험검체분석기관으로 지정하는 경우에는 별지 제38호서식의 임상시험검체분석기관 지정서(전자문서로 된 지정서를 포함한다. 이하 같다)를 신청인에게 발급하여야 한다. 〈개정 2021. 3. 8.〉

⑥ 임상시험검체분석기관으로 지정받은 사항을 변경하려는 자는 변경 사유가 발생한 날부터 30일 이내에 별지 제37호서식의 임상시험검체분석기관 변경지정 신청서(전자문서로 된 신청서를 포함한다)에 임상시험검체분석기관 지정서(전자문서로 발급받은 경우는 제외한다) 및 변경사항을 확인할 수 있는 서류를 첨부하여 식품의약품안전처장에게 제출하여야 한다. 〈개정 2021. 3. 8.〉

⑦ 식품의약품안전처장은 제6항에 따른 신청서를 검토한 후 임상시험검체분석기관의 변경지정을 하는 경우에는 임상시험검체분석기관 지정서에 변경사항을 적어 신청인에게 내주어야 한다.

⑧ 식품의약품안전처장은 제5항 또는 제7항에 따라 임상시험검체분석기관 지정서를 발급하거나 내어주는 경우에는 임상시험검체분석기관의 명칭, 소재지 및 대표자 등을 인터넷 홈페이지 등에 공고하여야 한다.

⑨ 제2항 또는 제6항에 따라 임상시험검체분석기관의 지정 또는

변경지정을 신청하려는 자는 식품의약품안전처장이 정하여 고시하는 수수료를 내야 한다.

⑩ 제1항부터 제9항까지에서 규정한 사항 외에 임상시험검체분석기관의 지정, 운영 등에 필요한 세부 사항은 식품의약품안전처장이 정하여 고시한다.

[전문개정 2018. 10. 25.]

제36조(임상시험실시기관 및 임상시험검체분석기관의 준수사항) 법 제34조의2제3항제6호에서 "총리령으로 정하는 사항"이란 제30조에 따른 임상시험의 실시 기준을 말한다. 〈개정 2018. 10. 25., 2019. 6. 12., 2022. 1. 20.〉

[제목개정 2018. 10. 25.]

제37조(비임상시험실시기관의 지정 등) ① 법 제34조의3제2항에 따른 비임상시험실시기관(이하 "비임상시험실시기관"이라 한다)으로 지정받으려는 자는 비임상시험실시기관의 분야(독성시험, 변이원성시험, 분석시험과 그 밖의 시험을 말한다)별로 필요한 시설, 전문인력 및 기구 등 식품의약품안전처장이 정하여 고시하는 요건을 갖추어야 한다. 〈개정 2015. 9. 25.〉

② 비임상시험실시기관으로 지정받으려는 자는 별지 제39호서식의 비임상시험실시기관 지정 신청서(전자문서로 된 신청서를 포함한다)에 다음 각 호의 서류(전자문서를 포함한다)를 첨부하여 식품의약품안전처장에게 제출하여야 한다.

1. 인력 현황에 관한 서류(자격 및 경력을 증명하는 서류를 포함한다)

2. 장비 · 기구 및 시설의 현황에 관한 서류

3. 비임상시험을 실시할 능력이 있음을 증명하기 위하여 식품의약품안전처장이 정하여 고시하는 바에 따라 비임상시험을 수행하였음을 증명하는 서류

③ 제2항에 따른 신청을 받은 식품의약품안전처장은 「전자정부법」 제36조제1항에 따른 행정정보의 공동이용을 통하여 법인 등기

사항증명서(법인인 경우만 해당한다)를 확인하여야 한다.

④ 식품의약품안전처장은 제2항에 따른 신청을 받은 경우에는 신청 내용이 지정요건에 적합한지를 평가하기 위하여 실태조사를 할 수 있다.

⑤ 식품의약품안전처장은 비임상시험실시기관을 지정하는 경우에는 신청인에게 별지 제40호서식의 비임상시험실시기관 지정서(전자문서로 된 지정서를 포함한다. 이하 같다)를 발급하여야 한다. 〈개정 2021. 3. 8.〉

⑥ 비임상시험실시기관은 지정받은 사항을 변경하려면 변경 사유가 발생한 날부터 30일 이내에 별지 제39호서식의 비임상시험실시기관 변경지정 신청서에 비임상시험실시기관 지정서(전자문서로 발급받은 경우는 제외한다) 및 변경사항을 확인할 수 있는 서류를 첨부하여 식품의약품안전처장에게 제출하여야 한다. 〈개정 2021. 3. 8.〉

⑦ 식품의약품안전처장은 비임상시험실시기관의 변경지정을 하는 경우에는 비임상시험실시기관 지정서에 변경사항을 적어야 한다.

⑧ 식품의약품안전처장은 제5항 또는 제7항에 따라 비임상시험실시기관을 지정하거나 변경지정한 경우에는 비임상시험실시기관의 명칭, 소재지 및 대표자 등을 인터넷 홈페이지 등에 공고하여야 한다.

⑨ 제2항 또는 제6항에 따라 비임상시험실시기관의 지정 또는 변경지정을 신청하려는 자는 식품의약품안전처장이 정하여 고시하는 수수료를 내야 한다.

⑩ 비임상시험실시기관의 지정, 운영, 관리 등에 필요한 세부 사항은 식품의약품안전처장이 정하여 고시한다.

제38조(비임상시험실시기관의 준수사항) ① 법 제34조의3제3항에서 “총리령으로 정하는 사항”이란 다음 각 호의 사항을 말한다. 〈개정 2016. 10. 28.〉

1. 비임상시험 계획서를 작성하고 계획서에 따라 비임상시험을 실시할 것

2. 비임상시험의 신뢰성을 확인하기 위한 점검 및 감사 업무는 해

당 비임상시험과 이해관계가 없는 사람으로 하여금 수행하도록 할 것

3. 비임상시험이 식품의약품안전처장이 정하여 고시하는 비임상시험의 관리기준에 적합하게 실시되었음을 증명할 수 있을 것

4. 시험과 관련된 자료·기록을 해당 의약품등의 제조판매·수입품목허가일부터 3년간 보관할 것

5. 비임상시험실시기관장의 장은 매년 비임상시험실시상황에 대하여 별지 제34호의2서식의 비임상시험실시상황보고서(전자문서로 된 보고서를 포함한다)를 다음 해 3월 말까지 식품의약품안전처장에게 제출할 것

② 제1항에 따른 비임상시험실시기관의 준수사항에 관한 세부 사항은 식품의약품안전처장이 정하여 고시한다.

제38조의2(임상시험 교육의 내용·시간·방법 등) ① 법 제34조의4제1항에 따른 임상시험 종사자에 대한 임상시험 교육의 내용은 다음 각 호의 사항으로 한다. 〈개정 2018. 10. 25.〉

1. 임상시험 종사자의 전문성 향상에 필요한 전문지식에 관한 사항

2. 임상시험 대상자 보호 등에 필요한 윤리적 소양에 관한 사항

3. 그 밖에 임상시험 종사자가 임상시험을 수행하는 데에 필요한 사항

② 법 제34조의4제1항제4호에서 "총리령으로 정하는 사람"이란 다음 각 호의 사람을 말한다. 〈개정 2018. 10. 25., 2022. 7. 21.〉

1. 심사위원회의 위원

2. 임상시험실시기관에서 임상시험의 품질보증 업무를 수행하는 사람

3. 삭제 〈2018. 10. 25.〉

③ 법 제34조의4제1항에 따라 임상시험 종사자에 대하여 받도록 하여야 하는 임상시험 교육의 시간은 매년 40시간 이내의 범위에서 식품의약품안전처장이 경력, 업무의 종류 등을 고려하여 고시하는 시간으로 한다. 이 경우 임상시험 교육의 시간 중 임상시험 해당 분

야의 업무 경력이 없는 자가 그 업무를 시작하기 전에 받도록 하여야 하는 임상시험 교육의 시간은 식품의약품안전처장이 업무의 종류 등을 고려하여 고시한다. 〈개정 2018. 10. 25.〉

④ 법 제34조의4제3항에 따른 임상시험 교육실시기관(이하 "임상시험 교육실시기관"이라 한다)은 교재비, 현장실습비 및 강사수당 등 교육에 필요한 비용을 고려하여 교육대상자에게 수강료를 받을 수 있다. 이 경우 수강료는 실비(實費) 수준으로 임상시험 교육실시기관의 장이 정한다. 〈개정 2018. 10. 25.〉

⑤ 제1항부터 제4항까지에서 규정한 사항 외에 임상시험 교육의 내용, 시간, 방법 및 절차 등에 관한 세부 사항은 식품의약품안전처장이 정하여 고시한다. 〈개정 2018. 10. 25.〉

[본조신설 2015. 9. 25.]

[제목개정 2018. 10. 25.]

제38조의3(임상시험 교육실시기관의 지정 등) ① 임상시험 교육실시기관으로 지정받으려면 다음 각 호의 요건을 모두 갖추어야 한다. 〈개정 2018. 10. 25.〉

1. 다음 각 목의 어느 하나에 해당하는 자일 것

가. 「고등교육법」 제2조제1호·제4호에 따른 대학 또는 전문대학으로서 의학, 약학 또는 간호학 등 임상시험과 관련된 학과 또는 전공이 설치된 대학 또는 전문대학

나. 임상시험 실시기관으로서 식품의약품안전처장이 정하여 고시하는 임상시험 품질 및 윤리의 강화를 위한 프로그램을 운영하는 기관

다. 법 제34조제1항에 따라 임상시험을 하려는 자(소속 종사자만을 대상으로 임상시험 교육을 하는 경우로 한정한다)

라. 그 밖에 임상시험 관련 업무를 수행하는 단체 또는 기관

2. 제1호 각 목에 따른 자별로 임상시험 교육에 필요한 조직·인력·시설, 프로그램, 경력 등 식품의약품안전처장이 정하여 고시하는 요건을 갖출 것

② 임상시험 교육실시기관으로 지정받으려는 자는 별지 제40호의2서식의 임상시험 교육실시기관 지정신청서(전자문서로 된 신청서를 포함한다)에 다음 각 호의 서류(전자문서를 포함한다)를 첨부하여 식품의약품안전처장에게 제출하여야 한다. 〈개정 2018. 10. 25.〉

1. 제1항제1호 각 목의 어느 하나에 해당하는 자임을 증명하는 서류
2. 교육을 실시할 운영조직ㆍ인력현황 등에 관한 자료
3. 교육 시설ㆍ장비의 보유현황에 관한 자료
4. 자체 교육시행규정
5. 교육 대상자별 교육과정, 평가방법 및 실시계획에 관한 자료
6. 수강료 산정의 근거자료

③ 식품의약품안전처장은 제2항에 따른 신청을 받은 경우에는 「전자정부법」 제36조제1항에 따른 행정정보의 공동이용을 통하여 법인 등기사항증명서(법인의 경우만 해당한다)를 확인하여야 하고, 신청 내용이 지정 요건에 적합한지를 평가하기 위하여 실태조사를 할 수 있다. 〈개정 2017. 12. 13.〉

④ 식품의약품안전처장은 임상시험 교육실시기관을 지정하는 경우에는 신청인에게 별지 제40호의3서식의 임상시험 교육실시기관 지정서(전자문서로 된 지정서를 포함한다. 이하 같다)를 발급하여야 한다. 〈개정 2018. 10. 25., 2021. 3. 8.〉

⑤ 임상시험 교육실시기관은 제4항에 따라 지정받은 사항 중 다음 각 호의 어느 하나에 해당하는 사항을 변경하려는 경우에는 변경 사유가 발생한 날부터 30일 이내에 별지 제40호의2서식의 임상시험 교육실시기관 변경지정 신청서(전자문서로 된 신청서를 포함한다)에 임상시험 교육실시기관 지정서(전자문서로 발급받은 경우는 제외한다)와 변경사항을 확인할 수 있는 서류를 첨부하여 식품의약품안전처장에게 제출하여 변경지정을 받아야 한다. 다만, 다음 각 호 외의 사항을 변경하려는 경우에는 변경 사유가 발생한 날부터 30일 이내에 식품의약품안전처장에게 해당 변경 사실을 보고하고

임상시험 교육실시기관 지정서(전자문서로 발급받은 경우는 제외한다)를 제출해야 한다. 〈개정 2019. 6. 12., 2021. 3. 8.〉

1. 소재지(행정구역 개편에 따른 변경은 제외한다)

2. 교육과정

⑥ 식품의약품안전처장은 임상시험 교육실시기관의 지정사항이 변경된 경우에는 임상시험 교육실시기관 지정서에 변경사항을 적어 내주어야 한다. 〈개정 2018. 10. 25., 2019. 6. 12.〉

⑦ 제2항 또는 제5항에 따라 임상시험 교육실시기관의 지정 또는 변경지정을 신청하려는 자는 식품의약품안전처장이 정하여 고시하는 수수료를 내야 한다. 〈개정 2018. 10. 25.〉

⑧ 법 제34조의4제4항에 따라 임상시험 교육실시기관이 지켜야 하는 사항은 다음 각 호와 같다. 〈개정 2018. 10. 25.〉

1. 다음 연도의 교육내용 등을 포함한 교육실시계획을 수립하여 매년 12월 10일까지 식품의약품안전처장에게 제출할 것

2. 교육을 마친 사람에게 수료증을 발급하고, 수료자의 명단 등 교육 실시에 관한 사항을 기록하여 그 날부터 2년간 보관할 것

3. 전년도의 교육 실시에 관한 기록을 매년 2월말까지 식품의약품안전처장에게 보고할 것

⑨ 식품의약품안전처장은 임상시험 교육실시기관이 다음 각 호의 어느 하나에 해당하는 경우에는 그 지정을 취소할 수 있다. 다만, 제1호·제2호 또는 제5호에 해당하는 경우에는 지정을 취소하여야 한다. 〈개정 2018. 10. 25.〉

1. 거짓이나 그 밖의 부정한 방법으로 지정을 받은 경우

2. 임상시험 교육을 수료하지 아니한 사람에게 수료증을 발급한 경우

3. 제5항을 위반하여 변경지정을 신청하지 아니한 경우

4. 제8항에 따른 준수사항을 지키지 아니한 경우

5. 정당한 사유 없이 제8항제1호에 따른 교육실시계획에 따라 교육을 실시하지 아니하거나 1년 이상 교육과정을 운영하지 아니한

경우

⑩ 제1항부터 제9항까지에서 규정한 사항 외에 임상시험 교육실시기관의 지정·운영·준수사항 등에 관한 세부 사항은 식품의약품안전처장이 정하여 고시한다. 〈개정 2018. 10. 25.〉

[본조신설 2015. 9. 25.]

[제목개정 2018. 10. 25.]

제38조의4(임상시험안전지원기관의 지정 및 운영) ① 법 제34조의5제1항에 따른 임상시험안전지원기관은 다음 요건을 갖추어야 한다.

1. 법 제34조의5제1항 각 호의 업무를 수행·관리할 수 있는 전담 조직을 갖추고 있을 것

2. 임상시험에 대한 학식과 경험이 충분한 전문인력을 갖추고 있을 것

3. 임상시험실시기관이 설치·운영하는 심사위원회와 협력 체계를 구축하고 있을 것

② 식품의약품안전처장은 제1항에 따른 기준에 적합하다고 인정하는 임상시험 관계 전문기관 또는 단체를 임상시험안전지원기관으로 지정할 수 있다.

③ 법 제34조의5제1항제6호에서 "그 밖에 총리령으로 정하는 업무"란 다음 각 호의 업무를 말한다.

1. 임상시험 심사를 위한 전산시스템의 관리·운영

2. 임상시험의 안전관리를 위한 국내외 협력체계 구축

3. 법 제34조의5제1항제4호에 따른 상담 및 정보 제공 업무를 수행하기 위한 임상시험대상자 지원센터의 설치·운영

4. 제38조의3제1항제1호나목에 따른 임상시험 품질 및 윤리의 강화를 위한 프로그램의 개발·보급 및 관리

④ 제1항부터 제3항까지에서 규정한 사항 외에 임상시험안전지원기관의 지정 및 운영 등에 필요한 사항은 식품의약품안전처장이 정하여 고시한다.

[본조신설 2022. 7. 21.]

第38조의5(중앙심사위원회의 구성 및 운영) ① 중앙심사위원회의 위원은 임상시험의 윤리적·과학적·의학적 측면을 검토·평가할 수 있는 경험과 자격을 갖춘 사람 중에서 임상시험실시기관의 장 또는 임상시험 관련 학회·단체의 장의 추천을 받아 임상시험안전지원기관의 장이 성별을 고려하여 위촉한다. 〈개정 2022. 12. 7.〉

② 위원의 임기는 2년으로 한다.

③ 중앙심사위원회의 위원장은 호선(互選)으로 선출한다.

④ 중앙심사위원회의 위원장은 심의와 관련하여 필요한 경우에는 전문적인 지식과 경험이 있는 관계 전문가를 참석하게 하여 의견을 들을 수 있다.

⑤ 제1항부터 제4항까지에서 규정한 사항 외에 중앙심사위원회의 구성 및 운영 등에 필요한 사항은 식품의약품안전처장이 정하여 고시한다.

[본조신설 2022. 7. 21.]

第38조의6(임상시험용의약품의 치료목적 사용승인 신청 등) ① 법 제34조의6제1항제2호에서 "총리령으로 정하는 응급환자"란 다음 각 호의 환자를 말한다. 〈개정 2023. 10. 25.〉

1. 심각하거나 긴박하게 생명이 위태로운 환자

2. 치료시기를 놓치면 치료효과를 기대하기 어려운 상황으로서 대체치료수단이 없는 환자

② 법 제34조의6제1항에 따라 임상시험을 위하여 제조되거나 제조되어 수입된 의약품(이하 "임상시험용의약품"이라 한다)을 같은 조 제1호 또는 제2호에 해당하는 환자의 치료를 위하여 임상시험이 아닌 용도로 사용하기 위한 승인(이하 "치료목적 사용승인"이라 한다)을 신청하려는 자는 별지 제40호의4서식의 임상시험용의약품의 치료목적·연구 등 목적 사용승인 신청서(전자문서로 된 신청서를 포함한다)에 대상 환자의 인원 규모별로 제3항 또는 제4항에 따른 서류 또는 자료를 첨부하여 식품의약품안전처장에게 제출해야 한다. 〈개정 2018. 10. 25., 2023. 10. 25.〉

③ 개인별 환자를 대상으로 치료목적 사용승인을 신청하려는 전문의는 제2항의 치료목적 사용승인 신청서에 다음 각 호의 서류 또는 자료를 모두 첨부하여 제출해야 한다. 〈개정 2018. 10. 25., 2022. 12. 7., 2023. 10. 25.〉

1. 신청인이 전문의로서 해당 질환에 대하여 전문적 지식과 경험을 갖추고 있음을 증명할 수 있는 서류

2. 대상 환자의 진료기록

3. 대상 환자가 법 제34조의6제1항제1호 또는 제2호에 해당한다는 내용과 임상시험용의약품 사용으로 환자에게 위험보다는 이익이 될 수 있다는 임상적 평가내용을 포함한 의학적 소견에 대한 자료(관련 검사 결과 등 근거를 포함한다)

4. 다음 각 목의 사항이 포함된 환자 동의서 서식

가. 임상시험용의약품의 사용 목적

나. 환자에게 미칠 것으로 예상되는 위험이나 불편

다. 신청인인 전문의가 임상시험용의약품 사용에 영향을 줄 수 있는 새로운 정보를 취득하면 지체 없이 환자 또는 환자의 대리인에게 알릴 것이라는 사실

라. 환자의 임상시험용의약품 사용 여부 결정은 자발적이라는 사실

마. 환자가 원래 받을 수 있는 이익에 대한 손실 없이 임상시험용의약품 사용을 거부할 수 있으며 사용 중에도 언제든지 사용을 중단할 수 있다는 사실

바. 임상시험용의약품의 제공자가 환자에게 비용을 청구하는 경우에는 그 비용을 부담하여야 한다는 사실

5. 사용하려는 임상시험용의약품에 대한 제공자의 제공 의향서

6. 식품의약품안전처장이 정하는 바에 따른 전문의(제1호에 따른 신청인이 아닌 전문의로 한정한다)의 소견서. 다만, 치료적 확증 임상시험과 동일한 적응증 및 용법 · 용량으로 신청하는 경우에는 제출하지 않는다.

④ 2명 이상의 환자를 위하여 치료목적 사용승인을 신청하려는 자는 제2항의 치료목적 사용승인 신청서에 다음 각 호에 따른 서류 또는 자료를 모두 첨부하여 제출해야 한다. 〈개정 2023. 10. 25.〉

1. 다음 각 목의 내용이 포함된 사용계획서

가. 임상시험용의약품의 사용목적과 사유

나. 안전성ㆍ유효성 관련 자료 수집방법

다. 사용 환자 선정기준

라. 최신의 임상시험자 자료집 또는 이에 상응하는 안전성ㆍ유효성 관련 자료

마. 제3항제4호에 따른 환자 동의서 서식

바. 제24조제2항 각 호의 사항 중 해당 임상시험용의약품 사용을 위하여 필요한 사항

2. 임상시험용의약품이 치료의 목적이 된 질환에 대하여 임상적 효과가 있음을 입증할 수 있는 다음 각 목의 구분에 따른 자료

가. 법 제34조의6제1항제1호 또는 이 조 제1항제1호에 해당하는 대규모(25명 이상을 말한다. 이하 같다) 환자 치료의 경우: 초기 임상시험에서 임상시험용의약품이 해당 질환에 대하여 임상적 효과가 있음을 입증할 수 있는 임상시험 결과

나. 제1항제2호에 해당하는 대규모 환자 치료의 경우: 임상시험용의약품의 국내 시판을 위한 법 제31조제2항, 제3항 또는 제42조제1항 등의 허가 또는 신고 등을 위한 임상시험 결과 또는 이에 상응하는 자료

다. 소규모(2명 이상 25명 미만을 말한다) 환자 치료의 경우: 임상시험용의약품이 해당 질환에 대하여 임상적 효과가 있음을 입증할 수 있는 근거 자료로서 해당 투여기간과 투약량이 안전하다는 근거 및 해당 질환에 대한 약리적 효과를 합리적으로 설명할 수 있는 자료

⑤ 식품의약품안전처장은 제2항부터 제4항까지에 따라 제출된 임상시험용의약품의 치료목적 사용승인 신청서 및 첨부 서류 또는 자

료를 검토하여 타당성이 인정되는 경우에는 별지 제40호의5서식의 임상시험용의약품의 치료목적·연구 등 목적 사용승인서(전자문서로 된 사용승인서를 포함한다. 이하 같다)를 발급해야 한다. 〈개정 2018. 10. 25., 2021. 3. 8., 2023. 10. 25.〉

⑥ 제5항에 따라 치료목적 사용승인을 받은 자가 승인받은 내용을 변경하려는 경우에는 별지 제40호의6서식의 임상시험용의약품의 치료목적·연구 등 목적 사용 변경승인 신청서(전자문서로 된 신청서를 포함한다)에 변경의 근거가 되는 서류 또는 자료를 첨부하여 식품의약품안전처장의 변경 승인을 받아야 한다. 이 경우 식품의약품안전처장은 변경승인 신청서 및 첨부 서류 또는 자료를 검토하여 타당성이 인정되는 경우에는 별지 제40호의5서식의 임상시험용의약품의 치료목적·연구 등 목적 사용승인서를 재발급해야 한다. 〈개정 2018. 10. 25., 2023. 10. 25.〉

⑦ 제5항에 따라 치료목적 사용승인을 받은 자는 다음 각 호의 사항을 준수해야 한다. 〈개정 2023. 10. 25.〉

1. 법 제34조의6제1항 각 호 외의 부분 후단에 따라 제3항제4호 각 목의 내용을 환자에게 사전에 설명하고 서면 동의(「전자서명법」에 따른 전자서명이 기재된 전자문서를 포함한다)를 받을 것

2. 사용을 마친 후 지체 없이 해당 환자에게 발생한 이상사례, 효과 및 안전성에 대한 추적 결과 등 수집된 정보를 임상시험용의약품을 제공한 자에게 제출할 것

3. 임상시험의 안전성과 관련된 중대한 이상사례 등이 발생한 경우에는 별표 4 제7호카목에 따라 임상시험용의약품을 제공한 자에게 보고할 것

⑧ 제5항에 따라 치료목적 사용승인을 받은 임상시험용의약품을 제공한 자는 다음 각 호의 사항을 준수해야 한다. 〈신설 2022. 12. 7., 2023. 10. 25.〉

1. 해당 임상시험용의약품의 임상시험 단계 등을 고려하여 제공기준을 마련하고 제공내역, 제출받은 안전성 정보 등을 보관·관리

할 것

2. 제7항제2호 및 제3호에 따라 수집된 정보를 제출받은 날부터 20일 이내에 임상시험용의약품 사용 결과를 작성하여 식품의약품안전처장에게 보고하되, 예상하지 못한 중대한 약물이상반응이 발생한 경우에는 별표 4 제8호러목에 따라 식품의약품안전처장에게 보고할 것

⑨ 제8항제2호에도 불구하고 임상시험용의약품을 제공한 자가 해외에 소재하여 보고하기 어려운 경우 등 식품의약품안전처장이 정하는 경우에는 개인별 환자를 대상으로 제5항에 따라 치료목적 사용승인을 받은 자가 임상시험용의약품을 제공한 자를 대신하여 제8항제2호에 해당하는 사항을 식품의약품안전처장에게 보고할 수 있다. 〈신설 2022. 12. 7., 2023. 10. 25.〉

⑩ 2명 이상의 환자를 치료할 목적으로 제5항에 따라 치료목적 사용승인을 받은 자는 임상시험용의약품을 임상시험실시기관에 제공할 수 있다. 〈개정 2022. 12. 7.〉

⑪ 제10항에 따라 임상시험실시기관에 제공된 임상시험용의약품을 사용하려는 자는 별표 4 제6호에 따른 임상시험실시기관의 임상시험심사위원회(이하 "심사위원회"라 한다)의 승인과 사용 환자의 동의를 받아야 한다. 〈개정 2022. 7. 21., 2022. 12. 7.〉

⑫ 제1항부터 제11항까지에서 규정한 사항 외에 임상시험용의약품의 치료목적 사용승인에 필요한 구체적인 방법 및 절차에 관한 사항은 식품의약품안전처장이 정하여 고시한다. 〈개정 2022. 12. 7.〉

[전문개정 2017. 12. 13.]

[제28조에서 이동 〈2023. 10. 25.〉]

제38조의7(임상시험용의약품의 치료목적 사용승인에 관한 비용청구 등) ① 임상시험용의약품(법 제34조의6제2항에 따른 외국에서 임상시험 중인 임상시험용의약품은 제외한다. 이하 이 조에서 같다)의 제공자는 임상시험용의약품을 투약 받는 환자에게 해당 임상시험용의약품의 원가(시설 및 환경관리 등에 소요되는 비용과 연구개발비용 등이 제외된 것으로 개별 환자에게 사용되는 임상시험용의약품

제조에 직접 소요되는 비용을 말한다)에 해당하는 비용을 청구할 수 있다. 〈개정 2023. 10. 25.〉

② 제1항에 따라 임상시험용의약품의 제공자가 비용을 청구하려는 경우에는 제38조의6제2항에 따른 치료목적 사용승인 또는 같은 조 제6항에 따른 변경 승인을 신청하려는 자에게 다음 각 호의 서류를 송부해야 하고, 치료목적 사용승인 또는 변경 승인을 신청하려는 자는 이를 식품의약품안전처장에게 제출해야 한다. 〈개정 2023. 10. 25.〉

1. 「공인회계사법」에 따라 등록한 공인회계사 또는 회계법인이 신청일 기준 1개월 이내에 작성한 원가산정보고서

2. 환자에게 발행하는 비용청구서

3. 비용청구 신청이 법 제31조제2항, 제3항 또는 제42조제1항에 따른 허가를 받거나 신고를 하지 아니하고 임상시험용의약품을 국내에 시판하려는 의도가 없다는 점을 소명할 수 있는 서류(대규모 환자를 대상으로 사용하고자 하는 경우에는 시판 허가를 위한 임상시험 완료가 가능함을 증명하기 위한 시험대상자 등록현황, 개발 진행 정도 및 차기년도 개발 계획 등을 포함하여야 한다)

③ 식품의약품안전처장은 제1항에 따라 환자에게 비용을 청구하는 치료목적 사용승인의 경우 1년의 범위에서 해당 비용 청구기간을 부여하여 별지 제40호의5서식의 임상시험용의약품의 치료목적·연구 등 목적 사용승인서를 발급해야 한다. 〈개정 2018. 10. 25., 2023. 10. 25.〉

④ 제3항에 따라 부여된 기간을 연장하거나 제5항에 따라 연장된 기간을 재연장하려는 자는 별지 제40호의7서식의 임상시험용의약품 비용 청구기간 연장신청서(전자문서로 된 신청서를 포함한다)에 제2항 각 호에 따른 서류를 첨부하여 식품의약품안전처장에게 제출해야 한다. 〈개정 2023. 10. 25.〉

⑤ 식품의약품안전처장은 제4항에 따라 제출된 임상시험용의약품 비용 청구기간 연장 신청서를 검토하여 타당성이 인정되는 경우에는

제3항 또는 제5항에 따라 부여된 기간을 1년의 범위에서 연장 또는 재연장할 수 있다.

[전문개정 2017. 12. 13.]

[제29조에서 이동 〈2023. 10. 25.〉]

제38조의8(임상시험용의약품의 연구 또는 분석 목적 사용승인 신청 등) ① 법 제34조제1항 본문에 따라 임상시험(생물학적 동등성시험은 제외한다. 이하 이 조에서 같다)계획의 승인을 받은 자가 법 제34조의6제1항제3호에 따라 해당 임상시험용의약품을 연구 또는 분석목적으로 사용하기 위한 승인(이하 "연구 등 목적 사용승인"이라 한다)을 신청하려는 경우에는 별지 제40호의4서식의 임상시험용의약품의 치료목적·연구 등 목적 사용승인 신청서(전자문서로 된 신청서를 포함한다)에 다음 각 호의 내용이 포함된 사용계획서(전자문서를 포함한다)를 첨부하여 식품의약품안전처장에게 제출해야 한다. 〈개정 2023. 10. 25.〉

1. 임상시험용의약품의 구체적인 사용 목적
2. 임상시험용의약품의 제품명과 수량, 사용자 및 사용 장소
3. 임상시험용의약품의 사용 종료 후 회수 및 폐기 계획 등

② 식품의약품안전처장은 제1항에 따라 제출된 임상시험용의약품의 연구 등 목적 사용승인 신청서를 검토한 후 타당성이 인정되는 경우에는 별지 제40호의5서식의 임상시험용의약품의 치료목적·연구 등 목적 사용승인서를 발급해야 한다. 〈개정 2023. 10. 25.〉

③ 제2항에 따라 연구 등 목적 사용승인을 받은 자가 승인받은 내용을 변경하려는 경우에는 별지 제40호의6서식의 임상시험용의약품의 치료목적·연구 등 목적 사용 변경승인 신청서(전자문서로 된 신청서를 포함한다)에 변경을 증명하는 서류 또는 자료를 첨부하여 식품의약품안전처장에게 제출해야 한다. 〈개정 2023. 10. 25.〉

④ 식품의약품안전처장은 제3항에 따라 제출된 변경승인 신청서를 검토한 후 타당성이 인정되는 경우에는 별지 제40호의5서식의 임상시험용의약품의 치료목적·연구 등 목적 사용승인서를 재발급해

야 한다. 〈개정 2023. 10. 25.〉

[본조신설 2018. 10. 25.]

[제29조의2에서 이동 〈2023. 10. 25.〉]

제38조의9(외국에서 임상시험 중인 임상시험용의약품의 치료목적 사용승인 신청 등) ① 법 제34조의6제2항에 따라 외국에서 임상시험 중인 임상시험용의약품(이하 "국외임상시험용의약품"이라 한다)을 같은 조 제1항제1호 또는 제2호에 해당하는 환자의 치료를 위하여 임상시험이 아닌 용도로 사용하기 위한 승인(이하 "국외임상시험용의약품의 치료목적 사용승인"이라 한다)을 신청하려는 자는 별지 제40호의4서식의 임상시험용의약품의 치료목적·연구 등 목적 사용승인 신청서(전자문서로 된 신청서를 포함한다)에 제2항 각 호에 따른 서류 또는 자료를 첨부하여 식품의약품안전처장에게 제출해야 한다.

② 개인별 환자를 위하여 국외임상시험용의약품의 치료목적 사용승인을 신청하려는 전문의는 제1항의 치료목적 사용승인 신청서에 다음 각 호의 서류 또는 자료를 모두 첨부하여 제출해야 한다.

1. 제38조의6제3항 각 호에 해당하는 서류 또는 자료. 이 경우 "임상시험용의약품"은 "국외임상시험용의약품"으로 본다.

2. 최신의 임상시험자 자료집 또는 이에 상응하는 안전성·유효성 관련 자료. 이 경우 동일한 적응증에 대한 치료적 확증 임상시험 또는 치료적 탐색 임상시험 결과가 포함되어야 한다.

3. 제4조제1항제1호나목에 따른 식품의약품안전처장이 인정하는 공정서를 발행하는 국가에서 임상시험계획을 승인하였음을 입증할 수 있는 자료

③ 국외임상시험용의약품의 치료목적 사용승인 절차, 치료목적 사용 변경 승인, 치료목적 사용승인을 받은 국외임상시험용의약품을 사용한 자 또는 제공한 자의 준수사항에 관하여는 제38조의6제5항부터 제9항까지의 규정을 준용한다. 이 경우 "임상시험용의약품"은 "국외임상시험용의약품"으로 본다.

④ 제1항부터 제3항까지에서 규정한 사항 외에 국외임상시험용의

약품의 치료목적 사용승인의 방법 및 절차에 필요한 사항은 식품의약품안전처장이 정하여 고시한다.

[본조신설 2023. 10. 25.]

제39조(시설 조건부 허가 신청 등) ① 법 제35조제1항에 따라 의약품 제조업 시설 조건부 허가를 받으려는 자는 별지 제1호서식의 의약품 제조업 시설 조건부 허가 신청서(전자문서로 된 신청서를 포함한다)에 제2조제1항제1호의 서류와 다음 각 호의 서류(전자문서를 포함한다)를 첨부하여 지방청장에게 제출해야 한다. 이 경우 지방청장은 「전자정부법」 제36조제1항에 따른 행정정보의 공동이용을 통하여 법인 등기사항증명서(법인인 경우만 해당한다), 토지 등기사항증명서 및 건물 등기사항증명서를 확인해야 한다. 〈개정 2022. 7. 21., 2022. 12. 7.〉

1. 건물을 신축할 경우에는 대지의 소유권 또는 사용권을 확인할 수 있는 서류(토지 등기사항증명서로 확인할 수 있는 경우에는 그 확인으로 첨부서류를 갈음한다)

2. 기존 건물을 사용할 경우에는 건축물의 소유권 또는 사용권을 확인할 수 있는 서류(건물 등기사항증명서로 확인할 수 있는 경우에는 그 확인으로 첨부서류를 갈음한다)

② 법 제35조제1항에 따라 의약품 제조판매품목 시설 조건부 허가를 받을 수 있는 품목은 새로운 시설이 필요한 품목으로 한다. 〈개정 2022. 7. 21.〉

③ 법 제35조제1항에 따라 의약품 제조판매품목 시설 조건부 허가를 받으려는 자는 별지 제4호서식의 의약품 제조판매품목 시설 조건부 허가 신청서(전자문서로 된 신청서를 포함한다)에 제4조제1항에 따른 서류와 필요한 경우 제1항제1호 또는 제2호의 서류를 첨부하여 식품의약품안전처장에게 제출해야 한다. 이 경우 식품의약품안전처장은 「전자정부법」 제36조제1항에 따른 행정정보의 공동이용을 통하여 토지 등기사항증명서 및 건물 등기사항증명서를 확인해야 한다. 〈개정 2022. 7. 21.〉

④ 제1항 또는 제3항에 따라 의약품 제조업 또는 제조판매품목 시설 조건부 허가를 신청하는 자는 식품의약품안전처장이 정하여 고시하는 수수료를 내야 한다. 〈개정 2022. 7. 21.〉

[제목개정 2022. 7. 21.]

제39조의2(품목 조건부 허가 신청 등) ① 법 제35조제2항 각 호 외의 부분에서 "총리령으로 정하는 의약품"이란 다음 각 호의 어느 하나에 해당하는 의약품을 말한다.

1. 생명을 위협하는 암 등 중대한 질환의 치료를 목적으로 하는 의약품

2. 희귀의약품

② 법 제35조제2항에 따라 의약품 품목 조건부 허가를 받으려는 자는 별지 제4호서식의 의약품 제조판매·수입 품목 조건부 허가 신청서에 다음 각 호의 서류를 첨부하여 식품의약품안전처장에게 제출해야 한다.

1. 법 제35조제2항 각 호의 어느 하나에 해당함을 증명하는 서류

2. 제4조제1항 각 호의 서류(제4조제1항제1호의 서류 중 제9조제6호에 따른 임상시험성적에 관한 자료는 제외한다)

③ 제2항에도 불구하고 제4조제2항 각 호의 어느 하나에 해당하는 경우에는 해당 구분에 따른 자료를 제출하지 않을 수 있다.

④ 법 제35조제2항제1호에서 "총리령으로 정하는 임상적 평가변수"란 질병이나 질환 등에 대한 임상적 유익성 또는 그 효능·효과를 객관적으로 확인할 수 있는 임상적 평가변수를 말한다.

⑤ 제2항에 따라 의약품 품목 조건부 허가를 신청하는 자는 식품의약품안전처장이 정하여 고시하는 수수료를 내야 한다.

[본조신설 2022. 7. 21.]

제40조(조건의 이행) ① 법 제35조제1항에 따라 의약품 제조업 시설 조건부 허가 또는 의약품 제조판매품목 시설 조건부 허가를 받은 자가 법 제31조제1항에 적합한 시설을 갖추었을 때에는 그 사실을 지방청장에게 통보해야 한다. 〈개정 2022. 7. 21.〉

② 지방청장은 제1항에 따라 시설 조건의 이행통보를 받은 경우에는 그 통보일부터 20일 이내에 조건의 이행 여부를 확인해야 한다. 〈개정 2022. 7. 21.〉

③ 법 제35조제2항에 따라 의약품 품목 조건부 허가를 받은 자는 매년 3월 31일까지 투약자 대상 임상시험의 실시 상황을 식품의약품안전처장에게 보고해야 한다. 〈신설 2022. 7. 21.〉

④ 법 제35조제2항에 따라 의약품 품목 조건부 허가를 받은 자는 식품의약품안전처장이 별도로 정하는 기간 내에 투약자 대상 임상시험을 종료한 후 해당 임상시험 결과보고서를 식품의약품안전처장에게 제출해야 한다. 〈신설 2022. 7. 21.〉

제40조의2(우선심사 대상 지정) ① 법 제35조의4제1항에 따른 우선심사 대상 의약품의 지정 기준은 다음 각 호와 같다.

1. 법 제35조의4제2항 각 호의 어느 하나에 해당할 것
2. 기원 또는 발견 및 개발 경위, 제조방법 또는 용법·용량이 타당하고 합리적일 것
3. 질병 또는 질환의 예방·치료 등에 대한 효능·효과가 객관적이고 합리적으로 기대될 것

② 법 제35조의4제1항에 따라 개발 중인 의약품을 우선심사 대상으로 지정을 받으려는 자는 별지 제40호의8서식의 우선심사 대상 의약품 지정 신청서에 제1항의 지정 기준에 적합함을 증명하는 다음 각 호의 서류를 첨부하여 식품의약품안전처장에게 제출해야 한다. 〈개정 2023. 10. 25.〉

1. 법 제35조의4제2항 각 호의 어느 하나에 해당함을 입증하는 자료
2. 기원 또는 발견 및 개발 경위에 관한 자료
3. 제조방법에 관한 자료
4. 용법·용량 및 효능·효과에 관한 자료

③ 법 제35조의4제2항제1호에 따른 "총리령으로 정하는 의약품"이란 다음 각 호의 어느 하나에 해당하는 의약품을 말한다.

1. 대체 가능한 의약품이 없는 의약품

2. 대체 가능한 의약품에 비하여 안전성·유효성을 현저히 개선하였거나 개선할 것으로 예상되는 의약품

④ 식품의약품안전처장은 법 제35조의4제3항에 따라 우선심사 대상으로 지정했을 때에는 신청인에게 별지 제40호의9서식에 따른 우선심사 대상 의약품 지정서를 발급해 주어야 한다. 〈개정 2023. 10. 25.〉

⑤ 식품의약품안전처장은 법 제35조의4제3항에 따라 우선심사 대상으로 지정한 의약품에 대해서는 특별한 사정이 없는 한 90일 이내에 해당 의약품을 심사해야 한다.

⑥ 제2항에 따른 우선심사 대상 지정 신청에 필요한 첨부자료의 작성요령 및 요건 등에 관한 세부사항은 식품의약품안전처장이 정하여 고시한다.

[본조신설 2022. 1. 20.]

제41조(사전 검토의 대상 등) ① 법 제35조의6제1항에 따른 사전 검토의 대상 및 범위는 다음 각 호와 같다. 〈개정 2018. 10. 25., 2022. 1. 20.〉

1. 안전성·유효성에 관한 자료

2. 기준 및 시험방법에 관한 자료

3. 의약품 제조 및 품질관리기준에 관한 자료

4. 임상시험계획에 관한 자료

5. 삭제 〈2018. 10. 25.〉

6. 의약품등 개발계획에 관한 자료

7. 그 밖에 의약품등의 허가·신고, 임상시험계획의 승인 등에 필요한 자료

② 법 제35조의6제1항에 따라 제1항 각 호의 자료의 작성기준에 관하여 사전 검토를 신청하려는 자는 별지 제41호서식의 의약품등 사전 검토 신청서(전자문서로 된 신청서를 포함한다)에 해당 자료(전자문서를 포함한다)를 첨부하여 식품의약품안전처장에게 제출하여야

한다. 〈개정 2022. 1. 20.〉

③ 식품의약품안전처장은 제2항에 따른 신청서 등을 검토하고 별지 제42호서식의 의약품등 사전 검토 결과 통지서를 발급하여야 한다.

④ 제2항에 따라 사전 검토를 신청하는 자는 식품의약품안전처장이 정하여 고시하는 수수료를 내야 한다.

⑤ 제1항부터 제3항까지에서 규정한 사항 외에 사전 검토의 대상·범위, 절차 및 방법 등에 관한 세부 사항은 식품의약품안전처장이 정하여 고시한다.

제42조(제조관리자 등) ① 법 제36조제1항에 따라 의약품등 제조업자(법 제2조제7호가목에 해당하는 물품만을 제조하는 의약외품 제조업자는 제외한다)는 제조소마다 다음 각 호의 구분에 따라 제조관리자를 두어야 한다. 다만, 제2호마목의 제조관리자와 제3호의 의약외품 중 일시적으로 공기나 산소를 공급하는 휴대용 제품의 제조관리자는 「고압가스 안전관리법」에 따른 안전관리자로, 제2호사목의 제조관리자는 「혈액관리법」에 따른 제조관리자로 갈음할 수 있다. 〈개정 2014. 8. 21., 2017. 1. 4., 2019. 2. 11., 2022. 12. 29.〉

1. 인체에 직접 적용되는 의약품의 제조업자: 2명 이상
2. 다음 각 목의 의약품 제조업자: 1명 이상
   가. 인체에 직접 적용되지 아니하는 의약품
   나. 원료의약품
   다. 소분(小分)의약품
   라. 방사성의약품
   마. 의료용 고압가스
   바. 전 품목을 위탁하여 제조하는 의약품
   사. 혈액제제
3. 의약외품 제조업자: 1명 이상

② 법 제2조제7호가목에 해당하는 의약외품의 제조업무를 관리할 수 있는 자는 다음과 같다. 〈개정 2015. 9. 25., 2018. 3. 30.,

2019. 2. 11., 2022. 12. 19., 2023. 10. 25.〉

1. 의사·약사 또는 4년제 이상의 대학에서 「대학설립·운영 규정」 별표 1에 따른 자연과학·공학·의학계열(이하 이 조에서 “자연과학·공학·의학계열”이라 한다) 학과의 학사 이상의 학위를 취득한 사람 또는 법령에 따라 이와 같은 수준의 학력이 있다고 인정되는 사람

2. 4년제 대학의 자연과학·공학·의학계열 학과가 아닌 학과를 졸업한 사람(법령에 따라 이와 같은 수준의 학력이 있다고 인정되는 사람을 포함한다)으로서 2년 이상 의약외품 제조업무에 종사한 경력(졸업 또는 학력 인정 전의 경력을 포함한다)이 있는 사람

3. 「고등교육법」 제48조에 따른 수업연한이 3년인 전문대학의 자연과학·공학·의학계열 학과를 졸업한 사람(법령에 따라 이와 같은 수준의 학력이 있다고 인정되는 사람을 포함한다)으로서 1년 이상 의약외품 제조업무에 종사한 경력(졸업 또는 학력 인정 전의 경력을 포함한다)이 있는 사람

3의2. 「고등교육법」 제48조에 따른 수업연한이 2년인 전문대학의 자연과학·공학·의학계열 학과를 졸업한 사람(법령에 따라 이와 같은 수준의 학력이 있다고 인정되는 사람을 포함한다)으로서 2년 이상 의약외품 제조업무에 종사한 경력(졸업 또는 학력 인정 전의 경력을 포함한다)이 있는 사람

4. 전문대학의 자연과학·공학·의학계열 학과가 아닌 학과를 졸업한 사람(법령에 따라 이와 같은 수준의 학력이 있다고 인정되는 사람을 포함한다)으로서 3년 이상 의약외품 제조업무에 종사한 경력(졸업 또는 학력 인정 전의 경력을 포함한다)이 있는 사람

5. 「초·중등교육법」에 따른 고등학교를 졸업한 사람(법령에 따라 이와 같은 수준의 학력이 있다고 인정되는 사람을 포함한다)으로서 4년 이상 의약외품 제조업무에 종사한 자

③ 법 제36조제1항 단서 또는 같은 조 제2항에 따라 생물학적 제제 또는 의약외품의 제조관리자로서 승인을 받으려는 자는 별지 제

43호서식의 제조관리자 승인신청서(전자문서로 된 신청서를 포함한다)에 해당 자격을 증명할 수 있는 서류(전자문서를 포함한다)를 첨부하여 지방청장에게 제출하여야 하며, 지방청장은 그 자격이 인정되는 경우 승인대장에 그 승인사항을 적어 넣고 별지 제44호서식의 제조관리자 승인서를 발급한다. 〈개정 2015. 9. 25., 2020. 9. 7.〉

④ 법 제36조제1항 및 제2항에 따라 의약품등의 제조업자가 2명 이상의 제조관리자를 두었을 때에는 그 업무를 분장하여 책임의 한계를 명확하게 하여야 한다.

⑤ 의약품등의 제조업자가 법 제36조제1항 및 제2항에 따라 제조관리자를 두려는 경우에는 별지 제45호서식의 제조관리자 신고서(전자문서로 된 신고서를 포함한다)에 다음 각 호의 서류(전자문서를 포함한다)를 첨부하여 지방청장에게 제출하여야 한다. 다만, 제2조제1항에 따라 의약품등의 제조업의 허가 신청 또는 신고를 하는 경우에는 별지 제45호서식의 제조관리자 신고서를 제출하지 아니할 수 있다. 〈개정 2021. 3. 8.〉

1. 제조관리자의 자격을 확인할 수 있는 서류 또는 제3항에 따른 승인서

2. 의약품등의 제조업 허가증 또는 신고증(전자문서로 발급받은 경우는 각각 제외한다)

⑥ 제5항에 따라 신고서를 제출받은 지방청장은 「전자정부법」 제36조제1항에 따른 행정정보의 공동이용을 통하여 약사 면허증(제조관리자가 약사인 경우만 해당한다)을 확인하여야 한다. 다만, 신고인이 확인에 동의하지 아니하는 경우에는 그 사본을 첨부하게 하여야 한다.

⑦ 지방청장이 제5항에 따라 제조관리자 신고를 수리한 경우에는 식품의약품안전처장에게 통보하고, 허가대장에 그 신고수리사항을 적어 넣어야 한다.

⑧ 제3항에 따라 제조관리자의 승인을 신청하려는 자는 식품의약품안전처장이 정하여 고시하는 수수료를 내야 한다.

⑨ 법 제36조제1항 단서에서 “총리령으로 정하는 세균학적 지식을 가진 전문기술자”란 4년제 대학(4년제 이상의 대학을 포함한다)의 생화학 · 미생물학 · 생명공학 · 수의학 또는 그와 관련된 학과를 졸업한 자를 말한다. 〈신설 2015. 9. 25.〉

제43조(제조관리자의 준수사항 등) ① 법 제37조제1항에 따라 의약품등의 제조관리자가 준수하여야 할 사항은 다음 각 호와 같다. 〈개정 2023. 10. 25.〉

1. 보건위생상 위해가 없도록 제조소의 시설을 위생적으로 관리하여 곤충 등의 침입, 교차오염 또는 외부로부터의 오염 등을 방지할 것
2. 종업원의 보건위생상태를 철저히 점검하고, 품질이 우수한 의약품등의 생산을 위한 교육 · 감독에 주력할 것
3. 제조관리기준서, 제품표준서 등에 따라 정확히 제조할 것
4. 작업소(「의약품 등의 제조업 및 수입자의 시설기준령」 제3조제1항제1호에 따른 작업소를 말한다. 이하 같다)에는 위해가 발생할 염려가 있는 물건을 두어서는 안 되며, 작업소에서 국민보건에 유해한 물질이 유출되거나 방출되지 아니하도록 할 것
5. 원료 및 자재의 입고부터 완제품의 출고에 이르기까지 필요한 시험검사 또는 검정을 철저히 하고, 제조단위별로 제조관리기록서와 품질관리기록서를 작성하여 갖추어야 하며, 이를 제조일부터 3년 이상 보존할 것
6. 제조과정 중 유기용매 등을 사용하는 경우에는 그 유기용매의 종류와 규격, 사용 목적, 사용량, 잔류량 등에 대한 기준을 설정하여 철저히 관리할 것

② 제조관리자는 해당 제조소의 관리업무에 종사하지 아니하게 된 경우에는 지체 없이 별지 제46호서식의 의약품등의 제조관리자의 관리업무 비종사신고서(전자문서로 된 신고서를 포함한다)에 그 사유서(전자문서를 포함한다)를 첨부하여 지방청장에게 신고하여야 한다. 〈개정 2016. 10. 28.〉

제44조(제조관리자 교육의 내용 · 시간 · 방법 등) ① 법 제37조의2 제1항에 따른 교육의 내용은 의약품등의 안전성 · 유효성 확보, 제조 및 품질관리에 필요한 법령 · 제도 및 기술 등으로서 식품의약품안전처장이 정하는 사항으로 한다.

② 교육시간은 2년에 16시간 이상으로 한다.

③ 법 제37조의2제4항에 따른 교육실시기관(이하 "교육실시기관"이라 한다)은 다음 해의 교육대상 및 교육내용을 포함한 교육계획을 수립하여 매년 12월 10일까지 식품의약품안전처장에게 제출하여야 한다.

④ 교육실시기관은 교육을 마친 사람에게 수료증을 발급하고, 수료자의 명단 등 교육 실시에 관한 사항을 기록하여 2년간 보관하여야 한다.

⑤ 교육실시기관은 매년 1월 31일까지 전년도의 교육 실시에 관한 기록을 식품의약품안전처장에게 보고하여야 한다.

⑥ 제1항부터 제5항까지에서 규정한 사항 외에 제조관리자 교육의 내용, 시간, 방법과 절차 등 교육에 필요한 세부 사항은 식품의약품안전처장이 정하여 고시한다.

제45조(제조관리자 교육실시기관의 지정 및 지정 취소 등) ① 식품의약품안전처장은 법 제37조의2제4항에 따라 다음 각 호의 어느 하나에 해당하는 단체 또는 기관 중에서 교육실시기관으로 지정할 수 있다.

1. 법 제67조에 따른 약업단체
2. 그 밖에 의약품등 관련 전문단체 또는 기관

② 교육실시기관 지정을 신청하려는 자는 별지 제47호서식의 의약품등 제조관리자 교육실시기관 지정신청서(전자문서로 된 신청서를 포함한다)에 다음 각 호의 서류 및 자료(전자문서를 포함한다)를 첨부하여 식품의약품안전처장에게 제출하여야 한다.

1. 교육을 실시할 운영조직 및 인력현황에 관한 자료
2. 교육시설 및 장비의 보유현황에 관한 자료

3. 수강료 산정의 근거자료

4. 교육시행규정

5. 교육실시계획

③ 식품의약품안전처장은 제2항에 따른 신청을 받은 경우에는 신청 내용이 지정요건에 적합한지를 평가하기 위하여 실태조사를 할 수 있다.

④ 식품의약품안전처장은 교육실시기관을 지정하는 경우에는 신청인에게 별지 제48호서식의 의약품등 제조관리자 교육실시기관 지정서를 발급하고, 교육실시기관을 지정하였다는 사실 및 그 명칭, 소재지 및 대표자 등을 고시하여야 한다.

⑤ 교육실시기관은 교재비, 현장실습비 및 강사수당 등 교육에 필요한 비용을 고려하여 교육대상자에게 수강료를 받을 수 있다. 이 경우 수강료는 실비 수준으로 교육실시기관의 장이 결정한다. 〈개정 2015. 9. 25.〉

⑥ 식품의약품안전처장은 제4항에 따라 지정받은 제조관리자 교육실시기관이 다음 각 호의 어느 하나에 해당하는 경우에는 그 지정을 취소할 수 있다. 다만, 제1호·제2호 또는 제6호에 해당하는 경우에는 지정을 취소하여야 한다. 〈신설 2016. 10. 28.〉

1. 거짓이나 그 밖의 부정한 방법으로 지정을 받은 경우

2. 법 제37조의2제1항부터 제3항까지에 따른 교육을 수료하지 아니한 사람에게 수료증을 발급한 경우

3. 제44조제3항에 따라 교육 계획을 제출하지 아니한 경우

4. 제44조제4항에 따라 수료증을 발급하지 아니하거나 교육실시에 관한 기록을 보관하지 아니한 경우

5. 제44조제5항에 따라 교육실시 기록을 보고하지 아니한 경우

6. 정당한 사유 없이 제44조제3항에 따른 교육실시계획에 따라 교육을 실시하지 아니하거나 1년 이상 교육과정을 운영하지 아니한 경우

⑦ 제1항부터 제5항까지에서 규정한 사항 외에 제조관리자 교육

실시기관의 지정·관리 등에 관한 세부 사항은 식품의약품안전처장이 정하여 고시한다. 〈개정 2016. 10. 28.〉

[제목개정 2016. 10. 28.]

제46조(안전관리책임자 등) ① 의약품의 품목허가를 받은 자는 법 제37조의3에 따라 1명 이상의 안전관리책임자를 두어야 한다. 다만, 혈액제제, 한약재, 원료의약품, 의료용 고압가스 또는 인체에 직접 적용하지 아니하는 제품에 대해서만 품목허가를 받은 자의 경우에는 안전관리책임자를 두지 아니할 수 있다. 〈개정 2014. 5. 9., 2016. 6. 30., 2017. 1. 4., 2022. 12. 29.〉

② 제1항에 따라 2명 이상의 안전관리책임자를 두었을 때에는 그 업무를 분장하여 책임의 한계를 명확하게 하여야 한다.

③ 제1항에 따라 안전관리책임자를 두려는 때에는 별지 제49호서식의 안전관리책임자 신고서(전자문서로 된 신고서를 포함한다)에 다음 각 호의 서류(전자문서를 포함한다)를 첨부하여 지방청장에게 제출하여야 한다. 이 경우 신고서를 제출받은 지방청장은 「전자정부법」 제36조제1항에 따른 행정정보의 공동이용을 통하여 약사 면허증(안전관리책임자가 약사인 경우만 해당한다)을 확인하여야 하며, 신고인이 확인에 동의하지 아니하는 경우에는 그 사본을 첨부하게 하여야 한다. 〈개정 2021. 3. 8.〉

1. 안전관리책임자의 자격을 확인할 수 있는 서류

2. 의약품 제조업 허가증 또는 위탁제조판매업 신고증(전자문서로 발급받은 경우는 각각 제외한다)

④ 지방청장이 제3항에 따라 안전관리책임자의 신고를 수리한 경우에는 식품의약품안전처장에게 통보하여야 한다.

제47조(안전관리책임자의 준수사항 등) ① 법 제37조의3제2항에 따라 안전관리책임자가 준수하여야 할 사항은 다음 각 호와 같다. 〈개정 2014. 8. 21., 2016. 10. 28., 2025. 2. 21.〉

1. 의약품의 제조판매 품목허가·품목신고의 갱신, 신약 등의 위해성 관리, 의약품의 재평가, 부작용 보고 등 시판 후 안전관리업무

를 철저히 할 것

2. 의약품 판매 등 의약품의 안전관리에 지장을 미칠 우려가 있는 업무에 종사하지 아니할 것

3. 다음 각 목의 사항에 관하여 별표 4의3의 의약품등 시판 후 안전관리 기준을 준수할 것

가. 의약품 안전에 관한 정보의 수집에 관한 사항

나. 가목에 따라 수집된 정보의 분석·평가와 그 결과에 따른 안전관리조치에 관한 사항

다. 의약품 안전에 관한 정보의 보고 및 전달에 관한 사항

라. 안전관리업무 종사자에 대한 교육훈련 등 그 밖에 의약품의 안전관리에 필요한 사항

마. 별표 4의3의 의약품등 시판 후 안전관리 기준 제8호에 따른 위해성 관리 계획의 이행에 관한 사항

4. 법 제37조의3제1항에 따른 시판 후 안전관리 업무에 관한 기록을 작성하고, 그 기록을 조치가 완료된 날부터 3년 이상 보존할 것

5. 위해성 관리 계획과 관련하여 다음 각 목의 사항을 준수할 것(위해성 관리 계획을 제출한 의약품의 경우만 해당한다)

가. 식품의약품안전처장이 정하여 고시하는 바에 따라 위해성 관리 계획을 작성하고, 작성된 계획을 이행할 것

나. 가목에 따라 위해성 관리 계획을 이행한 사실을 기록할 것

다. 나목에 따른 기록을 위해성 관리 계획을 이행한 날부터 3년 이상 보존할 것

라. 위해성 관리 계획의 변경이 필요하다고 판단되는 때에는 의약품의 제조판매·수입 품목허가를 받은 자에게 위해성 관리 계획의 변경을 제안할 것

② 안전관리책임자는 해당 제조소 또는 영업소의 안전관리업무에 종사하지 아니하게 된 경우에는 지체 없이 별지 제46호서식의 의약품등의 안전관리책임자의 관리업무 비종사신고서(전자문서로 된 신

고서를 포함한다)에 그 사유서(전자문서를 포함한다)를 첨부하여 지방청장에게 신고하여야 한다. 〈개정 2016. 10. 28.〉

제47조의2(안전관리책임자 교육의 내용·시간·방법 등) ① 법 제37조의4제1항 및 제2항에 따른 교육의 내용은 신약 등의 위해성 관리, 의약품의 재평가, 부작용 보고 등 시판 후 안전관리업무에 필요한 법령·제도 및 기술 등으로 한다. 〈개정 2022. 12. 7., 2025. 2. 21.〉

② 법 제37조의4제1항에 따른 교육의 주기는 2년으로 하고, 교육시간은 16시간 이상으로 한다.

③ 법 제37조의4제4항에 따라 지정받은 교육기관(이하 "안전관리책임자 교육기관"이라 한다)은 매년 다음 연도의 교육대상 및 교육내용 등을 포함한 교육계획을 수립하여 11월 30일까지 식품의약품안전처장에게 제출하고 승인을 받아야 한다. 승인받은 사항을 변경하려는 경우에도 또한 같다.

④ 안전관리책임자 교육기관은 교육을 마친 사람에게 수료증을 발급하고, 수료자의 명단 등 교육 실시에 관한 사항을 기록하여 그 날부터 2년간 보관하여야 한다.

⑤ 안전관리책임자 교육기관은 수료자의 명단 등 전년도의 교육 실시에 관한 기록을 다음 연도 1월 31일까지 식품의약품안전처장에게 보고하여야 한다.

⑥ 안전관리책임자 교육기관은 교재비, 현장실습비 및 강사수당 등 교육에 필요한 비용을 고려하여 교육대상자에게 수강료를 받을 수 있다. 이 경우 수강료는 실비 수준으로 안전관리책임자 교육기관의 장이 결정한다.

⑦ 제1항부터 제6항까지에서 규정한 사항 외에 안전관리책임자 교육의 내용, 방법과 절차 등 교육에 필요한 세부 사항은 식품의약품안전처장이 정하여 고시한다.

[본조신설 2014. 10. 10.]

제47조의3(안전관리책임자 교육기관 지정 및 지정 취소 등) ① 식품

의약품안전처장은 법 제37조의4제4항에 따라 다음 각 호의 어느 하나에 해당하는 단체 또는 기관을 안전관리책임자 교육기관으로 지정할 수 있다.

1. 법 제67조에 따른 약업단체
2. 그 밖에 의약품 관련 전문단체 또는 기관

② 안전관리책임자 교육기관으로 지정을 받으려는 자는 별지 제83호서식의 안전관리책임자 교육기관 지정신청서(전자문서로 된 신청서를 포함한다)에 다음 각 호의 서류 및 자료(전자문서를 포함한다)를 첨부하여 식품의약품안전처장에게 제출하여야 한다.

1. 교육을 실시할 운영조직 및 인력현황에 관한 자료
2. 교육시설 및 장비의 보유현황에 관한 자료
3. 수강료 산정의 근거자료
4. 교육시행규정 및 시행계획

③ 식품의약품안전처장은 제2항에 따른 신청을 받은 경우에는 안전관리책임자 교육기관으로 지정받으려는 기관 또는 단체의 교육시설 및 장비 등에 대한 실태조사를 할 수 있다.

④ 식품의약품안전처장은 안전관리책임자 교육기관을 지정하는 경우에는 신청인에게 별지 제84호서식의 안전관리책임자 교육기관 지정서를 발급하여야 한다.

⑤ 안전관리책임자 교육기관은 제4항에 따라 지정받은 사항을 변경하려는 경우에는 변경 사유가 발생한 날로부터 30일 이내에 제83호서식의 안전관리책임자 교육기관 지정변경 신청서(전자문서로 된 신청서를 포함한다)에 변경사유서 및 근거서류를 첨부하여 식품의약품안전처장에게 제출하여야 한다.

⑥ 식품의약품안전처장은 안전관리책임자 교육기관의 지정사항을 변경하는 경우에는 안전관리책임자 교육기관 지정서에 변경사항을 적어야 한다.

⑦ 식품의약품안전처장은 제4항 또는 제6항에 따라 안전관리책임자 교육기관을 지정 또는 지정변경한 경우에는 안전관리책임자 교육

기관을 지정 또는 지정변경한 사실, 그 명칭, 소재 및 대표자 등을 공고하여야 한다.

⑧ 식품의약품안전처장은 제4항에 따라 지정받은 안전관리책임자 교육기관이 다음 각 호의 어느 하나에 해당하는 경우에는 그 지정을 취소할 수 있다. 다만, 제1호·제2호 또는 제6호에 해당하는 경우에는 지정을 취소하여야 한다.

1. 거짓이나 그 밖의 부정한 방법으로 지정을 받은 경우
2. 법 제37조의4제1항 및 제2항에 따른 교육을 수료하지 아니한 사람에게 수료증을 발급한 경우
3. 세47조의2제3항에 따라 교육 계획을 제출하지 아니하거나 승인 또는 변경승인을 받지 아니한 경우
4. 제47조의2제4항에 따라 수료증을 발급하지 아니하거나 교육실시에 관한 기록을 보관하지 아니한 경우
5. 제47조의2제5항에 따라 교육실시 기록을 보고하지 아니한 경우
6. 정당한 사유 없이 제47조의3제2항에 따른 교육시행계획에 따라 교육을 실시하지 아니하거나 1년 이상 교육과정을 운영하지 아니한 경우
7. 제47조의3제5항에 따라 지정받은 사항에 대하여 지정변경 신청을 하지 아니한 경우

⑨ 제1항부터 제7항까지에서 규정한 사항 외에 안전관리책임자 교육기관의 지정·운영 등에 관한 세부 사항은 식품의약품안전처장이 정하여 고시한다.

[본조신설 2014. 10. 10.]

제48조(제조업자 등의 준수사항) 법 제37조의3제1항 및 제38조제1항에 따라 의약품등의 제조업자 또는 의약품의 품목허가를 받은 자가 준수해야 할 사항은 제43조제1항 각 호의 사항과 다음 각 호의 사항으로 한다. 〈개정 2014. 5. 9., 2014. 8. 21., 2016. 10. 28., 2017. 1. 4., 2017. 12. 13., 2021. 3. 8., 2022. 12. 7., 2022. 12. 29., 2023. 10. 25., 2025. 2. 21.〉

1. 의약품등의 품질검사를 철저히 하고 합격한 제품만을 출고할 것
2. 무균제제의 경우에는 반드시 새로운 용기를 사용할 것
3. 허가를 받거나 신고한 품목의 안전성·유효성과 관련된 새로운 자료를 입수하거나 정보사항 등(의약품등의 사용에 의한 부작용 발생사례를 포함한다)을 알게 된 경우와 안전성·유효성에 관한 정보를 수집·분석·평가를 하기 위하여 조사를 실시한 경우에는 별표 4의3의 의약품등 시판 후 안전관리 기준 제6호부터 제8호까지에 따라 보고하고 적절한 조치를 취할 것
4. 식품의약품안전처장이 정하는 소아용의약품(이하 "소아용의약품"이라 한다)에 「의료기기법」에 따른 의료기기가 아닌 계량컵 또는 계량스푼 등을 사용하는 경우에는 식품의약품안전처장이 정하는 기준에 맞는 계량컵 또는 계량스푼 등을 사용할 것
5. 의약품 제조업자는 다음 각 목의 구분에 따른 기준에 적합하게 제조한 의약품을 판매할 것
가. 완제의약품: 법 제38조의2제1항에 따른 적합판정 또는 같은 조 제2항 본문에 따른 변경적합판정(이하 이 조에서 "적합판정"이라 한다)의 유효기간 이내에 제조한 것을 판매할 것. 이 경우 적합판정을 받기 위한 평가를 목적으로 제조한 완제의약품 중 별표 1의 기준에 맞는 것으로 판정된 의약품은 적합판정을 받은 후 제조한 것으로 본다.
나. 원료의약품(원료의약품 중 한약재 및 약리활성이 없는 것과 그 밖에 인체에 직접 적용하지 않는 제품에 사용되는 것은 제외한다. 이하 이 조, 제48조의2 및 제48조의3에서 같다): 적합판정의 유효기간 이내에 제조한 것을 판매할 것. 이 경우 적합판정을 받기 위한 평가를 목적으로 제조한 원료의약품 중 별표 1의2의 기준에 맞는 것으로 판정된 의약품은 적합판정을 받은 후 제조한 것으로 본다.
다. 생물학적제제등(혈액제제는 제외한다. 이하 이 조, 제48조의2 및 제48조의3에서 같다): 적합판정의 유효기간 이내에 제조한

것을 판매할 것. 이 경우 적합판정을 받기 위한 평가를 목적으로 제조한 생물학적제제등 중 별표 1, 별표 1의2와 별표 3의 기준에 맞는 것으로 판정된 생물학적제제등은 적합판정을 받은 후 제조한 것으로 본다.

라. 방사성의약품: 적합판정의 유효기간 이내에 제조한 것을 판매할 것. 이 경우 적합판정을 받기 위한 평가를 목적으로 제조한 방사성의약품 중 별표 1, 별표 1의2와 별표 3의2의 기준에 맞는 것으로 판정된 방사성의약품은 적합판정을 받은 후 제조한 것으로 본다.

마. 의료용 고압가스(인체에 직접 적용하지 않는 소독제 제품 중 식품의약품안전처장이 정하여 고시하는 제품은 제외한다. 이하 이 조, 제48조의2 및 제48조의3에서 같다): 적합판정의 유효기간 이내에 제조한 것을 판매할 것. 이 경우 적합판정을 받기 위한 평가를 목적으로 제조한 의료용 고압가스 중 별표 1, 별표 1의2와 별표 3의3의 기준에 맞는 것으로 판정된 의료용 고압가스는 적합판정을 받은 후 제조한 것으로 본다.

바. 한약재: 적합판정의 유효기간 이내에 제조한 것을 판매할 것. 이 경우 적합판정을 받기 위한 평가를 목적으로 제조한 한약재 중 별표 2의 기준에 맞는 것으로 판정된 한약재는 적합판정을 받은 후 제조한 것으로 본다.

사. 혈액제제: 적합판정의 유효기간 이내에 제조한 것을 판매(공급)할 것. 이 경우 적합판정을 받기 위한 평가를 목적으로 제조한 혈액제제 중 별표 3의4의 기준에 맞는 것으로 판정된 혈액제제는 적합판정을 받은 후 제조한 것으로 본다.

5의2. 삭제 〈2023. 10. 25.〉

6. 의약외품 제조업자는 내용고형제, 내용액제, 식품의약품안전처장이 고시한 표준제조기준에 맞는 외피용 연고제 · 카타플라스마제를 제조하는 경우에는 적합판정의 유효기간 이내에 제조한 것을 판매할 것. 이 경우 적합판정을 받기 위한 평가를 목적으로 제조한 의약외품 중 별표 1의 기준에 적합한 것으로 판정된 의약외품은 적합판정

을 받은 후 제조한 것으로 본다.

7. 다른 사람의 특허권을 침해한 것으로 판명된 의약품을 제조하지 아니할 것

8. 법 제31조제1항에 따라 갖춘 제조소(제6조에 따른 영업소를 포함한다) 외의 장소에 의약품을 보관하지 말 것

8의2. 법 제31조제4항에 따라 갖춘 제조소 외의 장소에 의약외품을 보관하지 말 것

9. 의약품 제조업자는 다음 각 목의 구분에 따라 제조 및 품질관리기준을 준수할 것

가. 완제의약품 제조업자: 별표 1의 의약품 제조 및 품질관리기준

나. 원료의약품 제조업자: 별표 1의2의 원료의약품 제조 및 품질관리기준

다. 생물학적제제등 제조업자: 별표 1의 의약품 제조 및 품질관리기준, 별표 1의2의 원료의약품 제조 및 품질관리기준과 별표 3의 생물학적제제등 제조 및 품질관리기준

라. 방사성의약품 제조업자: 별표 1의 의약품 제조 및 품질관리기준, 별표 1의2의 원료의약품 제조 및 품질관리기준과 별표 3의2의 방사성의약품 제조 및 품질관리기준

마. 의료용 고압가스 제조업자(인체에 직접 적용하지 않는 소독제 제품 중 식품의약품안전처장이 정하여 고시하는 제품은 제외한다): 별표 1의 의약품 제조 및 품질관리기준, 별표 1의2의 원료의약품 제조 및 품질관리기준과 별표 3의3의 의료용 고압가스의 제조 및 품질관리기준

바. 한약재 제조업자: 별표 2의 한약재 제조 및 품질관리기준

사. 혈액제제 제조업자: 별표 3의4의 혈액제제 제조 및 품질관리기준

9의2. 의약외품(내용고형제, 내용액제, 식품의약품안전처장이 고시한 표준제조기준에 맞는 외피용 연고제·카타플라스마제만 해당한

다) 제조업자의 경우에는 별표 1의 의약품 제조 및 품질관리기준을 준수할 것

10. 삭제 〈2015. 9. 25.〉

11. 혈장분획제제 제조업자는 별표 5의 원료혈장관리기준을 준수할 것

12. 혈장분획제제 제조업자는 혈장분획제제 제조 시 국내조달혈장을 우선적으로 사용할 것. 다만, 식품의약품안전처장이 혈장분획제제의 공급 부족이 예상된다고 인정하는 경우에는 그러하지 아니하다.

13. 의약품등 제조업자는 등록대상 원료의약품을 사용하여 의약품등을 제조하려는 경우에는 다음 각 목의 어느 하나에 해당하는 것만 사용할 것

가. 제16조 각 호 외의 부분 후단에 따라 식품의약품안전처장이 인터넷 등으로 공고한 원료의약품

나. 의약품등의 제조업자 자신이 제4조제1항 또는 제5조제2항에 따라 제조판매품목 허가를 받거나 신고를 할 때 제4조제1항제7호 각 목 외의 부분 본문 또는 제5조제2항제6호에 따라 제4조제1항제7호 각 목의 자료를 제출한 원료의약품

14. 의약품등의 안전성·유효성과 관련하여 필요한 자료제출 및 조사, 제조 및 품질관리, 표시기재사항 등에 관하여 식품의약품안전처장이 지시한 사항을 준수할 것

15. 식품의약품안전처장이 정하는 의약품 제조업자는 식품의약품안전처장이 정하는 바에 따라 낱알모음포장 등 소량포장단위의 제품을 제조하여 공급할 것. 이 경우 일반의약품은 그 특성상 소량포장단위 이하의 포장이 필요한 경우를 제외하고는 소량포장단위를 10정(또는 캡슐 등) 이상으로 하여야 한다.

16. 안전상비의약품은 1일분 포장단위로 공급할 것. 다만, 1회 복용량 및 1일 복용횟수, 제형, 외부 포장의 기재사항 등을 고려하여 보건복지부장관이 포장단위를 달리 정하는 경우에는 그에 따라 공급

한다.

17. 의약외품 중 궐련형 금연보조제의 제조업자는 식품의약품안전처장이 정하는 타르, 니코틴 및 일산화탄소의 허용기준, 허용오차 범위 및 측정기준에 맞도록 궐련형 금연보조제를 제조하여야 하고, 판매 중인 제품에 대하여 분기마다 분기 시작 후 1개월 이내에 「담배사업법」 제25조의2에 따라 기획재정부장관이 지정하는 측정기관에 타르, 니코틴 및 일산화탄소의 측정을 의뢰하며, 그 결과를 측정일부터 3년 이상 보존할 것

18. 제62조제5호에 따라 규격품 대상 한약으로 지정한 한약 중 식품의약품안전처장이 정하여 고시하는 한약의 성질과 상태, 품질 및 저장방법 등에 관하여 식품의약품안전처장이 정하여 고시하는 사항을 지킬 것

19. 제조판매 품목허가 또는 품목신고의 유효기간이 끝난 의약품을 판매하지 말 것

19의2. 제4조제1항제11호 단서에 따라 위해성 관리 계획 대신 그 개요를 첨부한 경우 해당 품목이 시판되기 1개월 전까지 식품의약품안전처장에게 위해성 관리 계획을 제출할 것

20. 의약품의 안전한 사용을 위하여 위해성 관리 계획에 따라 위해성 관리를 실시하고, 그 결과를 식품의약품안전처장에게 제23조의3제3항에 따라 제출할 것(위해성 관리 계획을 제출한 의약품의 경우만 해당한다)

21. 별표 4의3의 의약품등 시판 후 안전관리 기준에 따라 의약품에 대한 안전정보를 수집·평가하고 적절한 안전대책 수립 등 시판 후 안전관리 업무를 수행할 것

제48조의2(제조 및 품질관리기준에 대한 적합판정) ① 법 제38조의2제1항에 따라 의약품등의 제조업자가 의약품등을 제조하여 판매하려면 다음 각 호의 구분에 따른 제조 및 품질관리기준에 적합하다는 지방청장의 판정(이하 "적합판정"이라 한다)을 받아야 한다. 〈개정 2022. 12. 29., 2024. 10. 4.〉

1. 완제의약품: 별표 1의 의약품 제조 및 품질관리기준. 이 경우 내용고형제, 주사제, 점안제, 내용액제, 외용액제, 연고제, 그 밖의 제형군에 속하는 제형 중에서 식품의약품안전처장이 정하여 고시하는 세부 제형별로 적합판정을 받아야 한다.

2. 원료의약품: 별표 1의2의 원료의약품 제조 및 품질관리기준. 이 경우 합성, 발효, 추출, 정제, 그 밖의 제조방법 중 식품의약품안전처장이 정하여 고시하는 세부 제조방법별로 적합판정을 받아야 한다.

3. 생물학적제제등: 별표 1의 의약품 제조 및 품질관리기준, 별표 1의2의 원료의약품 제조 및 품질관리기준과 별표 3의 생물학적제제등 제조 및 품질관리기준

4. 방사성의약품: 별표 1의 의약품 제조 및 품질관리기준, 별표 1의2의 원료의약품 제조 및 품질관리기준과 별표 3의2의 방사성의약품 제조 및 품질관리기준

5. 의료용 고압가스: 별표 1의 의약품 제조 및 품질관리기준, 별표 1의2의 원료의약품 제조 및 품질관리기준과 별표 3의3의 의료용 고압가스 제조 및 품질관리기준

6. 한약재: 별표 2의 한약재 제조 및 품질관리기준

7. 혈액제제: 별표 3의4의 혈액제제 제조 및 품질관리기준

8. 의약외품(내용고형제, 내용액제 및 식품의약품안전처장이 고시한 표준제조기준에 맞는 외피용 연고제ㆍ카타플라스마제 제형만 해당한다): 별표 1의 의약품 제조 및 품질관리기준. 이 경우 각 제형별로 적합판정을 받아야 한다.

② 제1항에 따라 세부 제형 또는 제조방법별로 적합판정을 받으려는 의약품의 제조업자는 별지 제81호서식의 의약품 제조 및 품질관리기준 적합판정 신청서(원료의약품 제조업자의 경우에는 별지 제82호서식의 원료의약품 제조 및 품질관리기준 적합판정 신청서를 말하며, 한약재 제조업자의 경우에는 제82호의2서식의 한약재 제조 및 품질관리기준 적합판정 신청서를 말한다)에 다음 각 호의 구분에

따른 서류를 첨부하여 지방청장에게 제출해야 한다. 〈신설 2022. 12. 29., 2024. 10. 4., 2024. 12. 30.〉

1. 제1항제1호, 제3호부터 제5호까지 및 제7호에 해당하는 의약품 제조업자의 경우

가. 제조소 총람

나. 의약품 제조 및 품질관리기준에 따른 품질(보증)체계 관련 자료

다. 적합판정 신청 의약품에 대한 제품표준서, 제조관리기록서 및 품질관리기록서 사본

라. 적합판정 신청 의약품에 대한 밸리데이션 자료

마. 그 밖에 지방청장이 적합판정을 위해 필요하다고 인정하는 자료

2. 원료의약품 제조업자의 경우

가. 제조소 총람

나. 원료의약품 제조 및 품질관리기준에 따른 품질(보증)체계 관련 자료

다. 적합판정 신청 원료의약품에 대한 제품표준서, 제조관리기록서 및 품질관리기록서 사본

라. 적합판정 신청 원료의약품에 대한 밸리데이션 자료

마. 그 밖에 지방청장이 적합판정을 위해 필요하다고 인정하는 자료

3. 한약재 제조업자의 경우

가. 제조소(작업소, 시험실, 보관소 및 그 밖의 제조공정에 필요한 부대시설을 포함한다. 이하 이 호에서 같다) 평면도

나. 작업소 시설 관련 자료로서 다음에 해당하는 자료

1) 인적·물적 동선이 표시된 작업소 평면도

2) 제조·시험에 사용되는 기계·설비 내역 및 배치도

다. 제조소 시설 및 환경 관리 관련 자료(제조용수 및 자동화장치 등 관리현황에 관한 자료를 포함한다)

라. 한약재 제조 및 품질관리기준에 따른 조직도 및 제조·품질(보증)체계 관련 자료

마. 한약재 제조 및 품질관리기준에 따른 문서관리규정 및 문서목록

바. 적합판정 신청 한약재에 대한 제품표준서, 제조관리기록서 및 품질관리기록서 사본

사. 그 밖에 지방청장이 적합판정을 위해 필요하다고 인정하는 자료

③ 제1항에 따라 제형별로 적합판정을 받으려는 의약외품의 제조업자는 별지 제82호의3서식의 의약외품 제조 및 품질관리기준 적합판정 신청서에 다음 각 호의 서류를 첨부하여 지방청장에게 제출해야 한다. 〈개정 2024. 12. 30.〉

1. 제2항제1호가목 및 나목에 해당하는 자료

2. 적합판정 신청 의약외품에 대한 제품표준서, 제조관리기록서 및 품질관리기록서 사본

3. 적합판정 신청 의약외품에 대한 밸리데이션 자료

4. 그 밖에 지방청장이 적합판정을 위해 필요하다고 인정하는 자료

④ 지방청장은 제2항 또는 제3항에 따른 신청을 받은 경우 신청내용이 의약품등의 제조 및 품질관리기준에 적합한지를 평가하기 위하여 실태조사를 실시할 수 있다. 〈개정 2022. 12. 29.〉

⑤ 지방청장은 제2항 또는 제3항에 따른 신청서를 검토한 후 의약품등이 제1항에 따라 별표 1, 별표 1의2, 별표 2, 별표 3, 별표 3의2, 별표 3의3 또는 별표 3의4의 기준에 적합하다는 판정을 하는 경우에는 다음 각 호의 구분에 따른 적합판정서를 발급해야 한다. 〈개정 2022. 12. 29.〉

1. 의약품(한약재는 제외한다): 별지 제81호의2서식의 의약품 제조 및 품질관리기준 적합판정서

2. 한약재: 별지 제82호의4서식의 한약재 제조 및 품질관리기준

적합판정서

3. 의약외품: 별지 제82호의5서식의 의약외품 제조 및 품질관리기준 적합판정서

⑥ 제2항 및 제3항에 따라 적합판정을 신청하는 자는 식품의약품안전처장이 정하여 고시하는 수수료를 내야 한다. 〈신설 2022. 12. 29.〉

⑦ 식품의약품안전처장은 별표 1에 따른 의약품 제조 및 품질관리기준에서 그 기준을 정하지 않은 의약외품에 관하여 제조 및 품질관리기준을 정하여 고시할 수 있다. 〈신설 2022. 1. 20., 2022. 12. 29.〉

⑧ 지방청장은 제7항에 해당하는 의약외품의 제조업자가 같은 항에 따라 식품의약품안전처장이 정하여 고시하는 제조 및 품질관리기준에 적합하다는 판정을 해줄 것을 요청하는 경우 적합하면 식품의약품안전처장이 정하여 고시하는 바에 따라 적합판정서를 발급해야 한다. 〈신설 2022. 12. 29.〉

⑨ 제1항부터 제8항까지에서 규정한 사항 외에 적합판정의 절차 또는 방법 등에 필요한 세부 사항은 식품의약품안전처장이 정하여 고시한다. 〈신설 2022. 12. 29.〉

[본조신설 2014. 10. 10.]

[제목개정 2022. 12. 29.]

제48조의3(의약품등의 제조 및 품질관리기준 변경적합판정) ① 법 제38조의2제2항 본문에 따라 변경적합판정을 받으려는 의약품의 제조업자는 별지 제81호서식의 의약품 제조 및 품질관리기준 변경적합판정 신청서(원료의약품 제조업자의 경우에는 별지 제82호서식의 원료의약품 제조 및 품질관리기준 변경적합판정 신청서를 말하며, 한약재 제조업자의 경우에는 제82호의2서식의 한약재 제조 및 품질관리기준 변경적합판정 신청서를 말한다)에 적합판정서(전자문서로 발급받은 경우는 제외한다)와 변경사유서 및 그 근거서류(제48조의2 제2항 각 호의 구분에 따른 서류를 말한다)를 첨부하여 지방청장에게 제출해야 한다.

② 법 제38조의2제2항 본문에 따라 변경적합판정을 받으려는 의약외품의 제조업자는 별지 제82호의3서식의 의약외품 제조 및 품질관리기준 변경적합판정 신청서에 적합판정서(전자문서로 발급받은 경우는 제외한다)와 변경사유서 및 그 근거서류(제48조의2제3항 각 호의 서류를 말한다)를 첨부하여 지방청장에게 제출해야 한다.

③ 지방청장은 제1항 또는 제2항에 따른 변경적합판정 신청을 받은 경우 신청 내용이 의약품등의 제조 및 품질관리기준에 적합한지를 평가하기 위하여 실태조사를 실시할 수 있다.

④ 지방청장은 제1항 또는 제2항에 따른 변경적합판정 신청서를 검토한 후 별표 1, 별표 1의2, 별표 2, 별표 3, 별표 3의2, 별표 3의3 또는 별표 3의4의 기준에 적합하다고 판정하는 경우에는 다음 각 호의 구분에 따른 적합판정서에 변경사항을 반영하여 재발급해야 한다.

1. 의약품(한약재는 제외한다): 별지 제81호의2서식의 의약품 제조 및 품질관리기준 적합판정서

2. 한약재: 별지 제82호의4서식의 한약재 제조 및 품질관리기준 적합판정서

3. 의약외품: 별지 제82호의5서식의 의약외품 제조 및 품질관리기준 적합판정서

⑤ 제1항 및 제2항에 따른 변경적합판정을 신청하는 자는 식품의약품안전처장이 정하여 고시하는 수수료를 내야 한다.

⑥ 법 제38조의2제2항 단서에 따른 “총리령으로 정하는 경미한 사항”이란 적합판정을 받은 사항 중 다음 각 호에 해당하지 않는 사항을 말한다. 〈개정 2023. 10. 25.〉

1. 작업소 또는 시험실 소재지의 변경(행정구역 개편에 따른 소재지의 변경은 제외한다)

2. 법 제38조의2제1항에 따라 적합판정을 받은 제형 또는 제조방법의 변경

3. 무균제제등(「의약품 등의 제조업 및 수입자의 시설기준령 시행

규칙」 제2조제1항제1호의 무균제제 및 같은 규칙 제7조제2호의 기준을 따라야 하는 작업소에서 제조되는 무균제제 원료의약품을 말한다. 이하 이 호에서 같다)의 제조업자가 시행하는 그 무균제제등 작업소의 신축 · 재축 · 증축 · 개축 및 그 밖에 공기조화장치의 교체 등 식품의약품안전처장이 정하여 고시하는 중요한 사항의 변경

4. 그 밖에 식품의약품안전처장이 정하여 고시하는 사항

⑦ 제1항부터 제6항까지에서 규정한 사항 외에 변경적합판정의 절차나 방법 등에 필요한 세부 사항은 식품의약품안전처장이 정하여 고시한다.

[본조신설 2022. 12. 29.]

제48조의4(적합판정 확인 · 조사 등) ① 법 제38조의3제1항에 따른 확인 · 조사는 현장조사를 원칙으로 한다. 다만, 다음 각 호의 어느 하나에 해당하는 경우에는 현장조사 외의 방법으로 확인 · 조사할 수 있다. 〈개정 2024. 12. 30.〉

1. 천재지변이나 감염병 발생 등의 사유로 현장조사 실시가 어렵다고 식품의약품안전처장이 판단하는 경우

2. 제조소의 중대한 변경 이력이 없는 등 현장조사 외의 방법으로 확인 · 조사할 수 있다고 식품의약품안전처장이 판단하는 경우

② 지방청장은 법 제38조의3제1항에 따른 확인 · 조사를 할 때에는 의약품등의 제조업자에게 해당 확인 · 조사 실시일 7일 전까지 다음 각 호의 사항을 문서로 알려야 한다.

1. 확인 · 조사 범위

2. 확인 · 조사 기간

3. 확인 · 조사 인력

③ 제2항에도 불구하고 지방청장은 확인 · 조사를 실시하기 전에 관련 사항을 미리 통지하는 때에 증거인멸 등으로 확인 · 조사의 목적을 달성할 수 없다고 판단되는 경우에는 해당 확인 · 조사의 개시와 동시에 제2항 각 호의 사항을 적은 문서를 해당 의약품등의 제조업자에게 제시하거나 확인 · 조사의 목적 등을 해당 의약품등의 제

조업자에게 구두로 통지할 수 있다.

④ 지방청장은 법 제38조의3제1항에 따른 확인·조사 결과 적합판정의 취소 및 시정명령 등 필요한 조치를 명할 때에는 의약품등의 제조업자에게 다음 각 호의 사항을 문서로 알려야 한다.

1. 조치 내용
2. 조치 사유
3. 조치일
4. 그 밖에 해당 조치를 위하여 식품의약품안전처장이 필요하다고 인정하는 사항

⑤ 제1항부터 제4항까지에서 규정한 사항 외에 제조 및 품질관리기준 준수 여부의 확인·조사에 필요한 세부 사항은 식품의약품안전처장이 정하여 고시한다.

[본조신설 2022. 12. 29.]

제48조의5(의약품등의 적합판정 취소 등) ① 법 제38조의3제3항제3호에서 "제조 및 품질관리기준에 관한 사항 중 총리령으로 정하는 사항을 지키지 아니한 경우"란 다음 각 호의 어느 하나에 해당하는 경우를 말한다.

1. 적합판정을 받은 이후 의약품등의 제조 및 품질관리에 관한 기록을 잘못 작성하여 의약품등을 판매하는 경우
2. 적합판정을 받은 이후 의약품등의 제조 및 품질관리에 관한 기록을 누락한 경우
3. 의약품등의 제조 및 품질관리기준 준수를 위한 세부 기준이나 절차를 마련하지 않아 품질에 영향을 미칠 우려가 있는 경우
4. 의약품등의 제조 및 품질관리기준에 따른 제품품질평가 결과 필요한 조치를 이행하지 않은 경우

② 법 제38조의3제3항에 따른 의약품등의 적합판정 취소 등의 기준은 별표 5의2와 같다.

[본조신설 2022. 12. 29.]

제48조의6(의약품등의 제조·품질관리 조사관의 업무범위 등) ① 법

제38조의4제3항에 따른 의약품등의 제조·품질관리 조사관(이하 "제조·품질관리조사관"이라 한다)의 업무 범위는 다음 각 호와 같다.

1. 의약품등 제조 및 품질관리기준의 준수 여부에 대한 조사·평가

2. 의약품등 제조 및 품질관리기준에 관한 평가 자료 검토

② 제조·품질관리조사관의 신분을 증명하는 증표는 별지 제82호의6서식에 따른다.

[본조신설 2022. 12. 29.]

제48조의7(제조·품질관리조사관의 교육 등) ① 법 제38조의5제1항에 따른 교육·훈련 과정은 의약품등의 제조 및 품질관리기준 준수 여부를 조사·평가하기 위하여 필요한 법령·제도 및 기술 등으로 한다.

② 식품의약품안전처장은 법 제38조의5제2항에 따라 다음 각 호의 어느 하나에 해당하는 단체 또는 기관을 의약품등의 제조·품질관리기준 교육·훈련기관(이하 이 조에서 "교육·훈련기관"이라 한다)으로 지정할 수 있다.

1. 법 제67조에 따라 조직된 사단법인

2. 법 제68조의3에 따라 설립된 한국의약품안전관리원(이하 "의약품안전관리원"으로 한다)

3. 「고등교육법」 제2조제1호에 따른 대학 중 의약품 관련 학과 또는 전공이 설치된 대학

4. 그 밖에 의약품 관련 업무를 수행하기 위하여 설립된 기관 또는 전문단체

③ 제2항에 따라 교육·훈련기관으로 지정받으려는 단체 또는 기관은 다음 각 호의 지정기준을 모두 갖추어야 한다.

1. 교육·훈련의 과정과 내용이 적정할 것

2. 교육·훈련을 실시하는 데에 필요한 적절한 운영조직·인력과 교육 시설·장비를 갖추고 있을 것

④ 제2항에 따라 교육·훈련기관으로 지정받으려는 단체 또는 기관의 장은 별지 제82호의7서식의 교육·훈련기관 지정 신청서에 다

음 각 호의 서류를 첨부하여 식품의약품안전처장에게 제출해야 한다.

1. 제2항 각 호의 어느 하나에 해당함을 증명하는 서류
2. 교육을 실시할 운영조직 및 인력현황 등에 관한 자료
3. 교육 시설 및 장비의 보유현황에 관한 자료
4. 교육시행규정
5. 교육실시계획

⑤ 제4항에 따라 신청서를 제출받은 담당 공무원은 「전자정부법」 제36조제1항에 따른 행정정보의 공동이용을 통하여 법인 등기사항증명서(신청인이 법인인 경우만 해당한다)를 확인해야 한다.

⑥ 식품의약품안전처장은 제4항에 따른 신청을 받은 경우에는 신청 내용이 제3항에 따른 지정기준에 적합한지를 평가하기 위하여 실태조사를 할 수 있다.

⑦ 식품의약품안전처장은 교육·훈련기관을 지정하였을 때에는 신청인에게 별지 제82호의8서식의 교육·훈련기관 지정서를 발급해야 한다.

⑧ 식품의약품안전처장은 제1항에 따른 교육·훈련 과정을 제7항에 따라 교육·훈련기관으로 지정된 기관에 위탁하는 경우에는 해당 기관을 공고해야 한다.

⑨ 제1항부터 제8항까지에서 규정한 사항 외에 교육·훈련기관의 지정·관리 등에 필요한 세부 사항은 식품의약품안전처장이 정하여 고시한다.

[본조신설 2022. 12. 29.]

제49조(의약품등의 생산·수출·수입 실적 등의 보고 등) ① 법 제38조제2항에 따라 의약품의 품목허가를 받은 자와 의약외품의 제조업자는 해당 연도의 생산실적 및 수출실적을, 법 제42조제5항에 따라 의약품등의 수입자는 해당 연도의 수입실적을 각각 식품의약품안전처장이 정하여 고시하는 바에 따라 한국제약바이오협회 등 법 제67조에 따라 조직된 사단법인을 통하여 식품의약품안전처장에게 보

고하여야 한다. 다만, 완제의약품[한외마약(限外痲藥)을 포함하되, 의료용 고압가스는 제외한다]의 경우에는 분기별로 생산실적 또는 수입실적을 식품의약품안전처장 및 법 제47조의3제1항에 따른 의약품관리종합정보센터의 장에게 보고하여야 한다. 〈개정 2015. 9. 25., 2017. 12. 13., 2018. 10. 25., 2020. 10. 14.〉

② 제1항에도 불구하고 의약품등의 수입자는 의약품등을 「전자무역 촉진에 관한 법률」에 따른 전자무역문서로 표준통관예정보고를 하고 수입한 경우에는 수입실적을 별도로 보고하지 아니할 수 있다.

③ 의약품의 제조판매·수입 품목허가를 받은 자는 보건복지부장관이 식품의약품안전처장과 협의하여 고시하는 완제의약품의 생산·수입·공급을 중단하려면 중단일의 180일 전까지 그 사유를 식품의약품안전처장이 정하여 고시하는 바에 따라 식품의약품안전처장에게 보고해야 한다. 다만, 천재지변이나 갑작스런 원료수급 중단 등 부득이한 사유로 생산·수입·공급이 중단되는 경우에는 중단일부터 10일 이내에 그 사유를 식품의약품안전처장에게 보고해야 한다. 〈개정 2024. 10. 4.〉

④ 의약품의 제조판매·수입 품목허가를 받은 자는 보건복지부장관이 식품의약품안전처장과 협의하여 고시하는 완제의약품의 생산·수입을 식품의약품안전처장이 정하여 고시하는 기준 이하로 줄이려는 계획을 수립한 경우에는 1개월 이내에 식품의약품안전처장이 정하여 고시하는 바에 따라 식품의약품안전처장에게 보고해야 한다. 〈신설 2024. 10. 4.〉

⑤ 제1항에 따라 보고를 한 의약품의 품목허가를 받은 자, 의약외품의 제조업자 및 의약품등의 수입자는 의약품등의 생산실적, 수출실적 또는 수입실적 보고와 관련한 서류를 2년간 보관해야 한다. 〈개정 2017. 12. 13., 2024. 10. 4.〉

[제목개정 2017. 12. 13.]

제49조의2(식별표시 방법) ① 법 제38조의6제1항에 따른 식별표시(이하 "식별표시"라 한다)는 특징적인 모양과 색상을 나타내거나 문

자·숫자·기호·도안·마크·로고 또는 이들을 조합하여 인쇄 또는 각인하는 방법으로 하여야 한다. 〈개정 2022. 12. 29.〉

② 식별표시는 훼손되거나 지워지지 아니하고 다른 의약품의 식별표시와 중복되지 아니하는 방법으로 하여야 한다.

[본조신설 2015. 9. 25.]

제49조의3(식별표시의 등록 절차 등) ① 법 제38조의6제1항에 따라 의약품의 식별표시를 등록하려는 자는 별지 제49호의2서식의 의약품 식별표시 등록신청서(전자문서로 된 신청서를 포함한다)에 다음 각 호의 서류(전자문서를 포함한다)를 첨부하여 법 제38조의6제3항에 따라 식별표시 등록 업무를 위탁 받은 기관(이하 "식별표시 등록기관"이라 한다)의 장에게 제출하여야 한다. 등록한 사항을 변경하려는 경우에도 또한 같다. 〈개정 2022. 12. 29.〉

1. 제품명, 주성분 및 그 함량 등의 제품정보와 식별표시의 내용
2. 의약품 견본품 2개
3. 의약품 설명서
4. 품목허가증 또는 품목신고증 사본
5. 식별표시의 변경내역(변경등록 신청의 경우만 해당한다)

② 제1항에 따라 등록을 신청하는 식별표시의 내용 중에 품목허가를 받은 자를 식별하는 고유표시가 포함된 경우 그 고유표시를 식별표시로 등록하려는 자는 별지 제49호의3서식의 업소 식별표시 등록신청서(전자문서로 된 신청서를 포함한다)에 다음 각 호의 서류(전자문서를 포함한다)를 첨부하여 식별표시 등록기관의 장에게 제출하여야 한다. 등록한 사항을 변경하려는 경우에도 또한 같다.

1. 사업자등록증 사본
2. 제조업 허가증 또는 수입업 신고증 사본

③ 식별표시 등록기관의 장은 제1항 또는 제2항에 따라 신청된 식별표시가 식별표시 방법에 적합한 경우 식별표시에 관한 정보를 데이터베이스에 수록하고 별지 제49호의4서식의 의약품 식별표시 등록필증 또는 별지 제49호의5서식의 업소 식별표시 등록필증을 발

급하여야 한다.

④ 제1항 및 제2항에 따라 식별표시를 등록하려는 자는 식품의약품안전처장이 정하여 고시하는 수수료를 내야 한다.

⑤ 식별표시 등록기관의 장은 식별표시 등록현황을 분기별로 분기가 끝난 후 1개월 이내에 식품의약품안전처장에게 보고하여야 한다.

⑥ 식품의약품안전처장은 의약품 식별표시 정보의 효율적 관리를 위하여 식별표시 등록기관의 장에게 필요한 자료의 제출을 요청할 수 있다. 이 경우 자료의 제출을 요청받은 식별표시 등록기관의 장은 요청에 따라야 한다.

⑦ 제1항부터 제3항까지에서 규정한 사항 외에 식별표시 등록의 대상 · 기준 · 절차 · 방법 등에 관한 세부 사항은 식품의약품안전처장이 정하여 고시한다.

[본조신설 2015. 9. 25.]

제50조(위해등급평가 및 회수계획서 제출) ① 법 제39조제1항에 따라 의약품등의 판매업자, 약국개설자, 안전상비의약품 판매자 또는 의료기관 개설자는 판매하거나 취급하는 의약품등이 법 제39조제1항 전단에 따른 안전성 · 유효성에 문제가 있는 의약품등(이하 "회수대상의약품등"이라 한다)으로 의심되는 경우에는 해당 의약품등의 판매나 취급을 즉시 중단하고 이를 해당 의약품의 품목허가를 받은 자, 의약외품 제조업자 또는 의약품등의 수입자(이하 "회수의무자"라 한다)에게 통보하여야 한다.

② 회수의무자는 그가 제조판매하거나 수입한 의약품등이 회수대상의약품등으로 의심되는 경우에는 지체 없이 다음 각 호의 기준에 따라 해당 의약품등에 대한 위해성을 평가하여야 한다. 〈개정 2014. 8. 21.〉

1. 1등급 위해성

가. 의약품등의 사용으로 인하여 완치불가능한 중대한 부작용을 초래하거나 사망에 이르게 하는 경우

나. 치명적 성분이 섞여 있는 경우

다. 의약품등에 표시기재가 잘못되어 생명에 영향을 미칠 수 있는 경우

2. 2등급 위해성

가. 의약품등의 사용으로 인하여 일시적 또는 의학적으로 완치 가능한 부작용을 일으키는 경우

나. 주성분의 함량이 초과되는 등 식품의약품안전처장이 정하여 고시하는 품질기준에 맞지 아니하거나 치명적이지 아니한 경우

3. 3등급 위해성

가. 의약품등의 사용으로 인하여 부작용을 거의 초래하지 아니하나 유효성이 입증되지 못하는 경우

나. 의약품등의 사용으로 인하여 부작용을 거의 초래하지 아니하나 색깔이나 맛의 변질, 포장재의 변형 등이 발생하여 안전성·유효성에 문제가 있는 경우

③ 회수의무자는 제2항 각 호에 해당하는 의약품등에 대하여 즉시 판매중지 등의 필요한 조치를 하고, 안전성·유효성에 문제가 있음을 안 날부터 5일 이내에 별지 제50호서식의 회수계획서를 지방청장에게 제출하여야 하며, 5일 이내에 회수계획서 제출이 곤란하다고 판단되는 경우에는 지방청장에게 그 사유를 밝히고 제출기한 연장을 요청하여야 한다. 이 경우 회수의무자는 식품의약품안전처장이 정하는 전산프로그램을 이용하여 회수계획서를 제출할 수 있다.

④ 제3항에 따른 회수계획서를 제출할 경우에는 다음 각 호의 서류를 첨부하여야 한다.

1. 해당 품목의 제조·수입 기록서 사본 및 판매처별 판매량·판매일 등의 기록

2. 제89조제3항에 따라 통보할 회수계획

3. 회수 사유를 적은 서류

⑤ 회수대상의약품등의 회수의무자는 제3항에 따른 회수계획서 작성 시 회수종료 예정일을 다음 각 호의 구분에 따라 정하여야 한다. 다만, 해당 등급별 회수기한 이내에 회수종료가 곤란하다고 판

단되는 경우에는 지방청장에게 그 사유를 밝히고 그 회수기한을 초과하여 정할 수 있다.

1. 1등급 위해성: 회수를 시작한 날부터 15일 이내

2. 2등급 위해성 또는 3등급 위해성: 회수를 시작한 날부터 30일 이내

⑥ 지방청장은 제3항 및 제4항에 따라 보고받은 회수계획이 미흡하다고 판단되는 경우에는 해당 회수대상의약품등의 회수의무자에게 회수계획의 보완을 명할 수 있다.

⑦ 지방청장은 제3항에 따라 회수계획서를 제출받은 경우 그 사실을 회수의무자의 소재지를 관할하는 특별시장 · 광역시장 · 도지사 또는 특별자치도지사(이하 "시 · 도지사"라 한다)에게 알려야 한다.

⑧ 제1항부터 제7항까지의 규정에 따른 위해성 평가절차, 회수계획서 작성 및 보완 등에 관한 세부 사항은 식품의약품안전처장이 정하여 고시한다.

제51조(폐업 등의 신고) ① 법 제40조제1항제1호 · 제2호 및 제42조제5항에 따라 의약품등의 제조업자, 위탁제조판매업자 또는 수입자가 폐업 · 휴업 또는 재개업 신고를 하려는 경우에는 별지 제51호서식의 의약품등의 제조업 · 위탁제조판매업 · 수입업 폐업 · 휴업 · 재개업 신고서(전자문서로 된 신고서를 포함한다)에 의약품등의 제조업 허가증, 위탁제조판매업 신고증 또는 수입업 신고증(전자문서로 발급받은 경우는 각각 제외한다)과 모든 품목의 허가증 · 신고증(폐업만 해당하며, 전자문서로 발급받은 경우는 각각 제외한다)을 첨부하여 지방청장에게 제출하여야 한다. 〈개정 2015. 9. 25., 2017. 12. 13., 2021. 3. 8.〉

② 의약품등의 제조업자 · 수입자 또는 위탁제조판매업자는 법 제40조제1항제3호 및 제42조제5항에 따라 제조관리자, 안전관리책임자 또는 수입업무를 관리하는 자(이하 "수입관리자"라 한다)를 변경한 경우에는 별지 제52호서식의 제조관리자 · 수입관리자 · 안전관리책임자 변경신고서(전자문서로 된 신고서를 포함한다)에 다음 각 호

의 구분에 따른 서류를 지방청장에게 제출하여야 한다. 〈개정 2015. 9. 25., 2017. 12. 13., 2021. 3. 8.〉

1. 의약품등 제조업자의 경우: 제42조제5항제1호 또는 제46조제3항제1호의 서류와 의약품 제조업 허가증 또는 의약외품 제조업 신고증(전자문서로 발급받은 경우는 각각 제외한다)

2. 수입자의 경우: 제58조제1항에 따른 첨부서류 또는 제60조제1항에 따라 준용되는 안전관리책임자의 자격을 확인할 수 있는 서류와 수입업 신고증(전자문서로 발급받은 경우는 제외한다)

3. 위탁제조판매업자의 경우: 제46조제3항제1호의 서류와 위탁제조판매업 신고증(전자문서로 발급받은 경우는 제외한다)

③ 의약품등의 제조업자·수입자 또는 위탁제조판매업자가 그 관리자 또는 안전관리책임자를 폐지한 경우에는 별지 제53호서식의 제조관리자·수입관리자·안전관리책임자 폐지신고서(전자문서로 된 신고서를 포함한다)에 허가증 또는 신고증(전자문서로 발급받은 경우는 각각 제외한다)을 첨부하여 지방청장에게 제출하여야 한다. 〈개정 2021. 3. 8.〉

④ 지방청장은 제1항부터 제3항까지의 규정에 따라 신고를 받은 경우에는 해당 대장과 허가증 또는 신고증에 각각 그 신고사항을 적어 넣어야 한다.

⑤ 제1항부터 제3항까지에 따른 첨부서류에 대한 정보를 「전자정부법」 제36조제1항에 따른 행정정보의 공동이용을 통하여 확인할 수 있는 경우에는 그 확인으로 첨부서류를 갈음할 수 있다.

⑥ 법 제40조제2항에 따라 의약품등의 제조업자 또는 품목허가를 받은 자가 폐업 또는 휴업 신고를 하려면 다음 각 호에 따른 조치를 하여야 한다. 〈신설 2017. 12. 13.〉

1. 법 제39조제1항에 따른 유통 중인 의약품등의 회수 또는 회수에 필요한 조치

2. 법 제71조에 따른 해당 의약품등의 폐기 또는 폐기에 필요한 조치

3. 법 제72조에 따른 공표명령의 이행

⑦ 법 제40조제3항 본문에서 의약품등의 제조업자 또는 품목허가를 받은 자가 재개업 신고를 할 때 제출해야 하는 "총리령에서 정하는 서류 또는 자료"란 의약품등 제조소의 시설점검결과, 의약품등 보유 현황, 보유 중인 의약품등에 대한 조치계획서 또는 조치완료를 증명하는 서류를 말한다. 〈신설 2017. 12. 13.〉

제52조(약국제제 또는 조제실제제의 제조품목신고) ① 법 제41조제1항 본문에 따라 약국제제를 제조하려는 자는 별지 제54호서식의 약국제제 제조품목 신고서(전자문서로 된 신고서를 포함한다)를, 의료기관의 조제실에서 제제(이하 "조제실제제"라 한다)를 제조하려는 자는 별지 제55호서식의 의료기관 조제실제제 제조품목 신고서(전자문서로 된 신고서를 포함한다)를 시장·군수·구청장(자치구의 구청장을 말한다. 이하 같다)에게 제출하여야 한다. 다만, 법 제41조제1항 단서에 따라 조제실제제를 제조하려는 자는 시·도지사에게 제출하여야 한다. 약국제제 또는 조제실제제의 제조업무를 폐지하였을 때에도 또한 같다.

② 시·도지사 또는 시장·군수·구청장이 약국제제 또는 조제실제제의 제조품목신고를 받았을 때에는 그 품목의 견본품을 제출하게 할 수 있다.

제53조(약국제제 또는 조제실제제의 제조품목 신고대장과 신고증) 시·도지사 또는 시장·군수·구청장은 제52조에 따른 신고를 수리하였을 때에는 약국제제 또는 조제실제제의 제조품목 신고대장에 다음 각 호의 사항을 적어 넣고, 별지 제56호서식의 약국제제 제조품목 신고증 또는 별지 제57호서식의 의료기관 조제실제제 제조품목 신고증을 발급하여야 한다.

1. 제조하려는 제제의 품목
2. 신고번호와 신고 연월일
3. 제제 제조자의 성명 및 주민등록번호
4. 제제를 제조하는 약국의 명칭과 그 소재지(조제실제제의 경우

에는 의료기관의 명칭과 그 소재지)

5. 조제실제제의 경우 의료기관의 조제실을 관리하는 약사 또는 한약사의 성명 · 면허번호 및 주민등록번호

6. 처방의사의 성명 및 면허번호(의사의 처방에 의하여 제조하는 조제실제제의 경우에만 적는다)

제54조(약국제제 및 조제실제제의 범위) 법 제41조제3항에 따른 약국제제 및 조제실제제의 범위는 다음 각 호와 같다. 〈개정 2019. 12. 6.〉

1. 대한민국약전에 실려 있는 의약품 중 다음 각 목의 구분에 따른 제제에 해당하지 아니하는 제제로서 식품의약품안전처장이 정하여 고시하는 제제

가. 약국제제

1) 마약 또는 향정신성의약품을 함유하는 제제

2) 항생물질제제, 생물학적 제제 및 성호르몬제제

3) 국내에서 생산되거나 수입되는 제제

4) 주사제 · 정제 · 환제

5) 전문의약품에 해당하는 제제

나. 조제실제제

1) 가목 1)부터 3)까지에 해당하는 제제

2) 일반의약품에 해당하는 제제

2. 대한민국약전에 실려 있지 아니한 의약품 중에서 식품의약품안전처장이 정하여 고시하는 제제

제55조(약국제제 및 조제실제제 제조소의 시설기준) ① 법 제41조제3항에 따라 약국에서 약국제제를 제조하려는 자는 약국제제의 제조에 필요한 기구를 갖추어야 한다. 〈개정 2019. 12. 6.〉

② 법 제41조제3항에 따른 조제실제제 제조소에는 작업소 및 실험실을 두어야 한다. 〈개정 2019. 12. 6.〉

③ 제2항의 기준 외의 조제실제제 제조소의 시설기준에 관하여는 「의약품 등의 제조업 및 수입자의 시설기준령」 제3조 및「의약품 등

의 제조업 및 수입자의 시설기준령 시행규칙」 제2조부터 제5조까지의 규정을 준용한다.

제56조(약국제제 또는 조제실제제의 제조 · 관리) 법 제41조제3항에 따라 약국제제 또는 조제실제제를 제조하려는 자는 다음 각 호의 사항을 준수하여야 한다. 〈개정 2014. 8. 21., 2019. 12. 6.〉

1. 제조 및 품질에 대한 관리를 철저히 하고 제조관리기록서와 품질관리기록서를 작성하여 갖추어야 하며 이를 제조일부터 2년간 보관할 것

2. 제조 및 품질관리에 종사하는 자에 대한 관리 · 감독을 철저히 할 것

3. 제조 및 품질관리 등에 관하여 식품의약품안전처장이 정하여 고시하는 관리기준을 준수할 것

제56조의2(의약품등의 수입업 신고) ① 법 제42조제1항에 따라 의약품등의 수입업 신고를 하려는 자는 별지 제7호의2서식의 의약품등 수입업 신고서(전자문서로 된 신고서를 포함한다)에 다음 각 호의 서류(전자문서를 포함한다)를 첨부하여 지방청장에게 제출하여야 한다.

1. 법 제5조제1호 본문에 해당하는 사람이 아님을 증명하는 의사의 진단서 또는 같은 호 단서에 해당하는 사람임을 증명하는 전문의의 진단서 및 같은 조 제3호에 해당되는 사람이 아님을 증명하는 의사의 진단서

2. 법 제42조제5항에 따라 준용되는 법 제36조 및 제37조의3에 따른 수입관리자 및 안전관리책임자의 자격을 확인할 수 있는 서류 또는 별지 제44호서식의 수입관리자 승인서

② 제1항에 따라 신고서를 받은 지방청장은 「전자정부법」 제36조제1항에 따른 행정정보의 공동이용을 통하여 다음 각 호의 서류를 확인하여야 한다. 다만, 제2호의 경우 신고인이 확인에 동의하지 아니하는 경우에는 그 사본을 첨부하게 하여야 한다.

1. 법인 등기사항증명서(법인인 경우만 해당한다)

2. 약사 면허증(수입관리자 또는 안전관리책임자가 약사인 경우만 해당한다)

③ 제1항에 따라 의약품등의 수입업 신고를 하려는 자는 그 업종에 속하는 1개 이상 품목의 수입 품목허가를 동시에 신청하거나 1개 이상 품목을 동시에 수입 품목신고하여야 한다.

④ 제1항에 따라 의약품등의 수입업 신고를 하려는 자는 식품의약품안전처장이 정하여 고시하는 수수료를 내야 한다.

[본조신설 2015. 9. 25.]

제57조(의약품등의 수입업 신고 및 수입품목 허가·신고 절차의 생략) ①법 제42조제2항제2호에 따라 식품의약품안선처장의 수입 품목허가나 수입 품목신고 대상에서 제외하는 의약품등은 다음 각 호와 같다. 다만, 제4호 및 제5호에 따른 의약품등 중 제4조제1항제1호에 따른 자료를 제출해야 하는 품목은 그렇지 않다. 〈개정 2014. 8. 21., 2015. 9. 25., 2018. 3. 30., 2022. 12. 7., 2023. 10. 25.〉

1. 법 제91조에 따른 한국희귀·필수의약품센터의 장이 희귀의약품 및 희귀질환자 치료용 의약품의 공급업무를 수행하기 위하여 직접 수입하는 품목

1의2. 관계 중앙행정기관의 장 또는 관련 기관 및 단체의 요청에 따라 식품의약품안전처장이 환자의 치료를 위해 긴급하게 도입할 필요가 있다고 인정하는 품목

2. 제24조제7항에 따라 임상시험계획의 승인을 받은 임상시험용 의약품등(제38조의6제5항 또는 제38조의9제3항에 따라 치료목적 사용승인을 받은 임상시험용의약품 또는 국외임상시험용의약품을 포함한다)

3. 임상시험에 사용되는 원료의약품, 임상시험용 대조약(위약을 포함한다) 등

4. 의약품등(원료의약품 및 제62조제5호에 따라 규격품 대상 한약으로 지정한 한약을 포함한다)의 제조업자가 자신이 제조하는 의

약품등의 원료로 사용하기 위하여 직접 수입하는 원료약품

5. 제62조제5호에 따라 규격품 대상 한약으로 지정한 한약 외의 한약

6. 자가치료용(自家治療用) 및 구호용(救護用) 의약품 등 식품의약품안전처장이 정하여 고시하는 의약품등

② 법 제42조제9항에 따라 이 조 제1항제1호, 제1호의2, 제2호부터 제4호까지 또는 제6호에 해당하는 의약품등만을 수입하려는 자는 수입업 신고 대상에서 제외한다. 〈신설 2015. 9. 25., 2021. 3. 8., 2022. 12. 7.〉

[제목개정 2015. 9. 25.]

제58조(수입관리자 등 신고) ① 수입자는 법 제42조제5항에 따라 수입관리자로 1명 이상의 약사 또는 한약사를 두고 별지 제45호서식의 수입관리자 신고서(전자문서로 된 신고서를 포함한다)에 수입관리자의 자격을 확인할 수 있는 서류 또는 별지 제44호서식의 수입관리자 승인서와 의약품등의 수입업 신고증(전자문서로 발급받은 경우는 제외한다)을 첨부하여 지방청장에게 제출하여야 한다. 이 경우 생물학적 제제 또는 의약외품(법 제2조제7호가목에 해당하는 물품만 해당한다) 수입관리자의 자격요건 등에 대하여는 법 제36조제1항 단서·같은 조 제2항 또는 이 규칙 제42조를 준용한다. 〈개정 2015. 9. 25., 2020. 9. 7., 2021. 3. 8.〉

② 의약품의 수입자는 법 제42조제5항에 따라 제1항의 수입관리자 외에 1명 이상의 안전관리책임자를 두고, 별지 제49호서식의 안전관리책임자 신고서(전자문서로 된 신고서를 포함한다)에 안전관리책임자의 자격을 확인할 수 있는 서류와 의약품의 수입업 신고증(전자문서로 발급받은 경우는 제외한다)을 첨부하여 지방청장에게 제출하여야 한다. 다만, 한약재, 원료의약품, 의료용 고압가스 또는 인체에 직접 적용하지 아니하는 제품의 수입자의 경우에는 안전관리책임자를 두지 아니할 수 있다. 〈개정 2014. 5. 9., 2015. 9. 25., 2016. 6. 30., 2021. 3. 8.〉

③ 제1항과 제2항에 따라 신고서를 받은 지방청장은 「전자정부법」 제36조제1항에 따른 행정정보의 공동이용을 통하여 약사 면허증(수입관리자 또는 안전관리책임자가 약사인 경우만 해당한다)을 확인하여야 한다. 다만, 신고인이 확인에 동의하지 아니하는 경우에는 그 사본을 첨부하게 하여야 한다.

④ 제1항과 제2항에 따라 2명 이상의 수입관리자 또는 안전관리책임자를 두었을 때에는 그 업무를 분장하여 책임의 한계를 명확하게 하여야 한다.

⑤ 제1항과 제2항에도 불구하고 의약품등의 제조업자 또는 의약품 도매상이 수입업무를 겸하는 경우에는 다음 각 호의 구분에 따른다.

1. 의약품 제조업자는 수입관리자 및 안전관리책임자를 따로 두지 아니할 수 있다.

2. 의약외품 제조업자 또는 의약품 도매상은 수입관리자를 따로 두지 아니할 수 있다.

제59조(수입품목허가대장과 허가증 등) 식품의약품안전처장 또는 지방청장은 제4조, 제5조 또는 제39조의2에 따라 의약품등의 수입품목 허가 또는 품목 조건부 허가를 하거나 수입품목 신고를 수리한 경우에는 다음 각 호의 구분에 따라 해당 사항을 각각 허가대장 또는 신고수리대장(전자문서로 된 대장을 각각 포함한다)에 적어 넣고, 허가를 한 경우에는 별지 제10호서식의 의약품등 수입품목 허가 또는 조건부 허가증을, 신고수리를 한 경우에는 별지 제13호서식의 의약품등 수입품목 신고증을 발급해야 한다. 〈개정 2021. 3. 8., 2022. 7. 21.〉

1. 수입품목허가의 경우
   가. 허가번호와 허가 연월일
   나. 제품명
2. 수입품목신고의 경우
   가. 신고수리번호와 수리 연월일

나. 제품명

제60조(수입자 등의 준수사항 등) ① 수입관리자는 법 제42조제5항 및 제6항에 따라 다음 각 호의 사항을 준수해야 한다. 〈개정 2021. 3. 8., 2023. 10. 25.〉

1. 보건위생상 위해가 없도록 창고 및 시험실의 시설을 위생적으로 관리하여 곤충 등의 침입, 교차오염 또는 외부로부터의 오염 등을 방지할 것

2. 종업원의 보건위생상태를 철저히 점검하고, 품질이 우수한 의약품등의 수입·판매를 위한 교육·감독에 주력할 것

3. 제품표준서, 품질관리기준서 등에 따라 정확히 수입할 것

4. 창고 및 시험실에는 위해가 발생할 염려가 있는 물건을 두어서는 아니 되며, 창고 및 시험실에서 국민보건에 유해한 물질이 유출되거나 방출되지 아니하도록 할 것

5. 의약품등 및 자재의 입고부터 출고에 이르기까지 필요한 시험검사 또는 검정을 철저히 할 것. 다만, 다음 각 목의 의약품은 생산국 또는 원 제조원에서 실시한 해당 의약품에 대한 시험검사 또는 검정 성적서로 수입자의 시험검사 또는 검정을 갈음할 수 있다.

가. 희귀의약품

나. 완제의약품 제조업자의 요청에 따라 수입을 대행한 원료의약품

다. 국가필수의약품 중 국내에 대체의약품이 없어 공급 중단 시 환자 치료에 차질이 발생할 우려가 있다고 식품의약품안전처장이 인정하는 의약품

라. 방사성의약품(「원자력안전법」에 따른 방사성동위원소를 함유하는 의약품만 해당한다)

6. 제조단위별로 수입기록서와 품질관리기록서를 작성하고, 이를 통관일부터 3년 이상 보존할 것

② 수입자는 법 제42조제5항 및 제9항에 따라 다음 각 호의 사항 및 제1항 각 호의 사항을 준수하여야 한다. 〈개정 2017. 1. 4.,

2021. 3. 8., 2025. 2. 21.〉

1. 의약품등의 품질검사를 철저히 하고 합격한 제품만을 판매할 것

2. 허가를 받거나 신고한 품목의 안전성·유효성과 관련된 새로운 자료를 입수하거나 정보사항 등(의약품등의 사용으로 인한 부작용 발생사례를 포함한다)을 알게 된 경우와 안전성·유효성에 관한 정보를 수집·분석·평가를 하기 위하여 조사를 실시한 경우에는 별표 4의3의 의약품등 시판 후 안전관리기준 제6호부터 제8호까지의 규정에 따라 보고하고 적절한 조치를 취할 것

3. 식품의약품안전처장이 정하는 소아용의약품(이하 "소아용의약품"이라 한다)에 「의료기기법」에 따른 의료기기가 아닌 계량컵 또는 계량스푼 등을 사용하는 경우에는 식품의약품안전처장이 정하는 기준에 맞는 계량컵 또는 계량스푼 등을 사용할 것

4. 다른 사람의 특허권을 침해한 것으로 판명된 의약품을 수입하지 아니할 것

5. 법 제42조제3항 및 「의약품 등의 제조업 및 수입자의 시설기준령」 제6조제1항제1호에 따른 창고 외의 장소에 의약품등을 보관하지 말 것

6. 제48조제9호의 구분에 따라 별표 1, 별표 1의2, 별표 2, 별표 3, 별표 3의2, 별표 3의3 또는 별표 3의4의 제조 및 품질관리기준에 동등하게 상응하는 해당 국가의 기준에 따라 적합하게 제조된 의약품을 수입하고, 의약품을 수입할 때에는 별표 6의2의 의약품등 수입관리 기준을 준수할 것

7. 제48조제9호의2에 따라 별표 1의 제조 및 품질관리기준에 동등하게 상응하는 해당 국가의 기준에 따라 적합하게 제조된 의약외품을 수입하고, 의약외품을 수입할 때에는 별표 6의2의 의약품등 수입관리 기준을 준수할 것

8. 혈장분획제제 수입자는 별표 5의 원료혈장관리기준을 준수할 것

9. 등록대상 원료의약품을 사용한 의약품등을 수입하려는 경우에는 다음 각 목의 어느 하나에 해당하는 것을 사용하여 제조된 의약

품만을 수입할 것

가. 제16조 각 호 외의 부분 후단에 따라 식품의약품안전처장이 인터넷 등으로 공고한 원료의약품

나. 의약품등의 수입자가 자신이 제4조제1항 또는 제5조제2항에 따라 수입품목 허가를 받거나 신고를 할 때 제4조제1항제7호 각 목 외의 부분 본문의 자료 또는 제5조제2항제6호에 따라 제4조제1항제7호 각 목의 자료를 제출한 원료의약품

10. 의약품등의 안전성·유효성과 관련하여 필요한 자료제출 및 조사, 제조 및 품질관리, 표시기재사항 등에 관하여 식품의약품안전처장이 지시한 사항을 준수할 것

11. 식품의약품안전처장이 정하는 의약품의 경우 식품의약품안전처장이 정하는 바에 따라 낱알모음포장 등 소량포장단위의 제품을 수입하여 공급할 것. 이 경우 일반의약품은 그 특성상 소량포장단위 이하의 포장이 필요한 경우를 제외하고는 소량포장단위를 10정(또는 캡슐 등) 이상으로 하여야 한다.

12. 안전상비의약품은 1일분 포장단위로 공급할 것. 다만, 1회 복용량, 1일 복용횟수, 제형 및 외부 포장의 기재사항 등을 고려하여 보건복지부장관이 포장단위를 달리 정하는 경우에는 그에 따라 공급하여야 한다.

13. 의약외품 중 궐련형 금연보조제의 수입자는 식품의약품안전처장이 정하는 타르, 니코틴 및 일산화탄소의 허용기준, 허용오차범위 및 측정기준에 적합한 궐련형 금연보조제를 수입하여야 하고, 판매 중인 제품에 대하여 분기마다 분기 시작 후 1개월 이내에 「담배사업법」 제25조의2에 따라 기획재정부장관이 지정하는 측정기관에 타르, 니코틴 및 일산화탄소의 측정을 의뢰하며, 그 결과를 측정일부터 3년 이상 보존할 것

14. 제62조제5호에 따라 규격품 대상 한약으로 지정한 한약 중 식품의약품안전처장이 정하여 고시하는 한약의 경우에는 그 성질과 상태, 품질 및 저장방법 등에 관하여 식품의약품안전처장이 정하여

고시하는 사항을 지킬 것

15. 수입 품목허가 또는 품목신고의 유효기간이 끝난 의약품을 판매하지 말 것

16. 의약품의 안전한 사용을 위하여 위해성 관리 계획에 따라 위해성 관리를 실시하고, 그 결과를 식품의약품안전처장에게 제23조의3제3항에 따라 제출할 것(위해성 관리 계획을 제출한 의약품의 경우만 해당한다)

17. 별표 4의3의 의약품등 시판 후 안전관리 기준에 따라 의약품에 대한 안전정보를 수집·평가하고 적절한 안전대책 수립 등 시판 후 안전관리업무를 수행할 것

18.「대외무역법」에서 정하는 의약품등의 수출입요령과 식품의약품안전처장이 정하는 수입의약품등의 관리에 관한 규정을 준수하고, 「전자무역 촉진에 관한 법률」에 따른 전자무역문서로 표준통관예정보고를 할 것

③ 수입관리자의 관리업무 비종사 신고에 관하여는 제43조제2항을, 수입관리자의 교육에 관하여는 제44조 및 제45조를 준용한다. 이 경우 "제조관리자"는 "수입관리자"로, "제조소"는 "영업소"로, "제조"는 "수입"으로 본다.

④ 안전관리책임자 등에 관하여는 제46조를, 안전관리책임자의 준수사항 등에 관하여는 제47조를, 안전관리책임자 교육의 내용·시간·방법 등에 관하여는 제47조의2를, 안전관리책임자 교육기관 지정 및 지정취소 등에 관하여는 제47조의3을 준용한다. 이 경우 "품목허가를 받은 자"는 "수입자"로, "의약품의 제조업 허가증 또는 위탁제조판매업 신고증"은 "수입업 신고증"으로, "제조판매"는 "수입"으로 본다.

[전문개정 2016. 10. 28.]

제60조의2(해외제조소의 등록 등) ① 법 제42조제7항에서 "총리령으로 정하는 의약품등"이란 다음 각 호의 어느 하나에 해당하는 의약품등을 말한다. 〈개정 2022. 7. 21.〉

1. 법 제42조제7항제1호 및 제3호에 해당하는 의약품등

2. 법 제42조제7항제2호에 따른 원료의약품 중 의약품의 주성분으로 사용되거나 주성분을 함유하는 원료의약품

3. 법 제42조제7항제2호에 따른 원료의약품 중 의약외품(내용고형제, 내용액제, 식품의약품안전처장이 고시한 표준제조기준에 맞는 외피용 연고제 · 카타플라스마제만 해당한다)의 주성분으로 사용되거나 주성분을 함유하는 원료의약품

② 법 제42조제7항에 따라 해외제조소(의약품등의 제조 및 품질관리를 하는 해외에 소재하는 시설을 말한다. 이하 같다)에 대한 다음 각 호의 사항을 등록하려는 수입자는 별지 제57호의2서식의 해외제조소 등록신청서(전자문서로 된 신청서를 포함한다)에 해당 해외제조소의 인력 · 시설 · 제조 · 품질관리에 관한 요약 자료(전자문서로 된 자료를 포함하며, 제48조제9호 및 제9호의2에 따른 수입품목만 해당한다)를 첨부하여 식품의약품안전처장에게 제출해야 한다.

1. 해외제조소의 명칭, 소재지 및 관리자 등에 관한 사항

2. 수입품목의 제품명, 종류, 제형, 허가번호 또는 신고수리번호 등에 관한 사항

③ 법 제42조제8항에 따라 해외제조소에 대한 다음 각 호의 등록사항을 변경하려는 수입자는 별지 제57호의2서식의 해외제조소 변경등록 신청서(전자문서로 된 신청서를 포함한다)를, 해당 각 호 외의 등록사항을 변경한 수입자는 별지 제57호의2서식의 해외제조소 변경신고서(전자문서로 된 신고서를 포함한다)를 식품의약품안전처장에게 제출해야 한다. 이 경우 수입자는 변경사항을 증명하는 서류(전자문서를 포함한다)를 각각 첨부해야 한다.

1. 해외제조소의 명칭 및 소재지(행정구역의 변경을 포함한다)

2. 수입품목의 제품명, 종류, 제형, 허가번호 또는 신고수리번호

④ 수입자는 제2항 및 제3항에 따라 해외제조소의 등록 또는 변경등록을 신청하는 경우에는 식품의약품안전처장이 정하여 고시하는 수수료를 내야 한다.

⑤ 제2항부터 제4항까지에서 규정한 사항 외에 해외제조소의 등록 · 변경등록 또는 변경신고의 절차 및 방법 등에 필요한 세부 사항은 식품의약품안전처장이 정하여 고시한다.

[본조신설 2019. 12. 6.]

제61조(멸종 위기에 놓인 야생 동 · 식물의 수출입 허가 등) ① 법 제43조에 따라 멸종 위기에 놓인 야생 동 · 식물(이하 “야생 동 · 식물”이라 한다)의 가공품 중 의약품을 수출 · 수입 또는 공해를 통하여 반입하기 위하여 허가를 받으려는 자는 수출 · 수입 또는 반입할 때마다 별지 제58호서식의 멸종 위기에 놓인 야생 동 · 식물 수출 · 수입 · 반입 허가신청서(전자문서로 된 신청서를 포함한다)에 다음 각 호의 어느 하나의 서류(전자문서를 포함한다)를 첨부하여 식품의약품안전처장에게 제출해야 하며, 식품의약품안전처장은 이를 확인하고 수출 · 수입 또는 반입의 허가 시에는 별지 제59호서식의 수출(수입 · 반입) 허가증명서를 발급해야 한다. 〈개정 2023. 10. 25.〉

1. 수출하는 경우

가. 외국산 야생 동 · 식물의 가공품을 재수출하는 경우에는 「멸종위기에 처한 야생동식물종의 국제거래에 관한 협약」에 따라 당초 야생 동 · 식물의 가공품을 수출한 국가에서 발행한 수출증명서 사본

나. 국내산 야생 동 · 식물의 가공품을 수출하는 경우에는 야생 동 · 식물의 입수경위서 및 그 근거서류

2. 수입하는 경우

가. 「멸종위기에 처한 야생동식물종의 국제거래에 관한 협약」에 따라 해당 야생 동 · 식물의 가공품을 수출한 국가에서 발행한 수출증명서(재수출의 경우에는 재수출한 국가에서 발행한 재수출증명서를 포함한다) 사본

나. 물품매도확약서 또는 수입계약서 사본

다. 해당 품목의 수입목적, 판매처, 판매처의 소재지 및 판매량이 포함된 사용계획서

라. 수입 위 · 수탁계약서(의약품등 제조업자의 요청에 따라 수

입을 위탁받은 경우만 해당한다)

3. 반입하는 경우

야생 동·식물의 입수경위서 및 그 근거서류

② 제1항에 따라 야생 동·식물의 수출·수입 또는 반입 허가를 신청하는 자는 식품의약품안전처장이 정하여 고시하는 수수료를 내야 한다.

제62조(의약품등의 안전 및 품질 관련 유통관리 준수사항) 법 제47조제1항제4호가목에 따라 의약품의 품목허가를 받은 자, 수입자, 의약품 도매상, 약국개설자, 안전상비의약품 판매자, 한약업사, 법률 제8365호 약사법 전부개정법률 부칙 제5조에 따른 약업사 또는 매약상 및 그 밖에 이 법에 따라 의약품을 판매할 수 있는 자는 의약품의 안전 및 품질 관련 유통관리를 위하여 다음 각 호의 사항을 준수해야 한다. 〈개정 2014. 8. 21., 2016. 6. 30., 2021. 9. 10.〉

1. 삭제 〈2015. 9. 25.〉

2. 변질·변패(변질하여 썩는 것을 말한다. 이하 같다)·오염·손상되었거나 유효기한 또는 사용기한이 지난 의약품을 판매하거나 판매의 목적으로 저장·진열하지 않아야 하며, 의약품의 용기나 포장을 훼손하거나 변조하지 않을 것

3. 식품의약품안전처장 또는 지방청장이 수거하거나 폐기할 것을 명한 의약품을 판매하거나 판매의 목적으로 저장·진열하지 아니할 것

4. 약국개설자, 안전상비의약품판매자, 한약업사, 법률 제8365호 약사법 전부개정법률 부칙 제5조에 따른 약업사·매약상, 의약품 도매상 또는 법 제21조에 따라 약국을 관리하는 자는 불량의약품의 처리에 관한 기록을 작성하여 갖추어 두고 이를 1년간 보존할 것

5. 약국개설자, 한약업사 또는 의약품 도매상은 대한민국약전 또는 대한민국약전외한약(생약)규격집에 기준이 설정된 한약 중 제8호에 따른 품질관리 기준에 맞는 제품(이하 "규격품"이라 한다)으로 판매할 것을 식품의약품안전처장이 지정·고시한 한약의 경우 규격품이 아닌

것을 판매하거나 판매의 목적으로 저장·진열하지 아니할 것

6. 약국개설자, 한약업사 또는 의약품 도매상은 한약재를 판매하는 경우 원산지를 표시할 것

7. 식품의약품안전처장이 보건복지부장관과 협의하여 정하는 별표 6의 의약품 유통품질 관리기준에서 정하는 사항을 준수할 것

8. 식품의약품안전처장이 정하여 고시하는 한약재의 품질관리에 관한 사항을 준수할 것

제62조의2(불법 유통을 통한 취득 금지 의약품) 법 제47조의4제3호에서 "총리령으로 정하는 의약품"이란 에토미데이트 성분을 함유하는 의약품을 말한다.

[본조신설 2022. 7. 21.]

[종전 제62조의2는 제62조의3으로 이동 〈2022. 7. 21.〉]

제62조의3(의약품에 관한 특허권의 등재 등) ① 법 제50조의2제1항에 따라 특허목록에 의약품특허권의 등재를 신청하려는 자는 별지 제59호의2서식의 의약품 특허목록 등재 신청서에 제2항 각 호의 서류(전자문서로 된 신청서 및 문서를 포함한다)를 첨부하여 식품의약품안전처장에게 제출하여야 한다. 이 경우 「전자정부법」 제36조제1항에 따른 행정정보의 공동이용을 통하여 제2항 각 호의 서류를 확인할 수 있는 때에는 그 확인으로 첨부서류를 갈음할 수 있다. 〈개정 2018. 3. 30.〉

② 법 제50조의2제2항 각 호 외의 부분에서 "총리령으로 정하는 서류"란 다음 각 호의 서류(전자문서를 포함한다)를 말한다. 〈개정 2024. 3. 11.〉

1. 특허등록원부 사본

2. 등록공고용 특허공보 사본

3. 「특허법」에 따른 특허권자 또는 전용실시권자(이하 "특허권자등"이라 한다)의 동의서

4. 특허권자등이 대리인을 선임하는 경우 그 위임장

5. 「특허법」 제136조에 따라 정정을 한다는 심결이 확정된 경우

에는 이를 증명할 수 있는 서류

③ 법 제50조의2제2항제7호에서 "총리령으로 정하는 사항"이란 법 제50조의2제4항제2호의 사항에 대한 상세 설명을 말한다.

④ 법 제50조의2제3항에 따라 등재 신청서 내용의 변경을 신청하려는 자는 별지 제59호의3서식의 의약품 특허목록 등재신청 변경신청서(전자문서로 된 신청서를 포함한다)에 변경 사항을 증명할 수 있는 서류(전자문서를 포함한다)를 첨부하여 식품의약품안전처장에게 제출하여야 한다.

⑤ 법 제50조의2제4항 각 호 외의 부분에서 "총리령으로 정하는 사항"이란 다음 각 호의 사항을 말한다.

1. 의약품의 명칭
2. 특허목록에 의약품특허권을 등재 받은 자(이하 "특허권등재자"라 한다)의 인적사항
3. 특허권자등의 인적사항
4. 대리인의 인적사항
5. 특허번호
6. 특허권의 설정 등록일 및 존속기간 만료일
7. 특허로 보호받으려는 사항(이하 "특허청구항"이라 한다)

⑥ 제1항 또는 제4항에 따라 특허목록에 의약품특허권의 등재 또는 등재 신청서 내용의 변경(특허청구항의 추가만 해당한다)을 신청하려는 자는 식품의약품안전처장이 정하여 고시하는 수수료를 내야 한다.

[본조신설 2015. 3. 13.]

[제62조의2에서 이동, 종전 제62조의3은 제62조의4로 이동 〈2022. 7. 21.〉]

제62조의4(등재사항의 변경 등) ① 법 제50조의3제1항에 따라 특허목록에 등재된 사항의 변경 또는 삭제를 신청하려는 자는 별지 제59호의4서식의 의약품 특허목록 등재사항 변경 신청서(전자문서로 된 신청서를 포함한다)에 변경 사항을 증명할 수 있는 서류(전자문서를

포함한다)를 첨부하여 식품의약품안전처장에게 제출하여야 한다.

② 법 제50조의3제2항 단서에 따른 추가 변경 기간 부여를 신청하려는 자는 그 취지 및 사유를 적은 서류를 식품의약품안전처장에게 제출하여야 한다.

③ 제1항에 따라 특허목록에 등재된 사항의 변경을 신청하려는 자는 식품의약품안전처장이 정하여 고시하는 수수료를 내야 한다.

④ 제2항에 따라 추가로 부여된 변경 기간에 특허목록에 등재된 사항의 변경을 신청하려는 자는 식품의약품안전처장이 정하여 고시하는 수수료를 내야 한다.

⑤ 법 제50조의3제3항 후단에서 "의약품의 명칭 등 총리령으로 정하는 경미한 사항"이란 제62조의3제5항제1호부터 제4호까지의 사항을 말한다. 〈신설 2024. 3. 11.〉

⑥ 법 제50조의3제4항제4호에서 "변경허가를 한 경우 등 총리령으로 정하는 경미한 사항이 변경된 경우"란 다음 각 호의 경우를 말한다. 〈신설 2024. 3. 11.〉

1. 법 제31조제9항 또는 법 제42조제1항의 변경허가에 따라 의약품의 명칭이 변경된 경우

2. 특허권등재자의 인적사항이 변경된 경우. 다만, 법 제89조제1항 또는 제2항에 따른 지위 승계로 특허권등재자의 인적사항이 변경된 경우는 제외한다.

[본조신설 2015. 3. 13.]

[제62조의3에서 이동, 종전 제62조의4는 제62조의5로 이동 〈2022. 7. 21.〉]

제62조의5(품목허가 등 신청사실의 통지) ① 법 제50조의4에 따라 등재의약품의 안전성·유효성에 관한 자료를 근거로 법 제31조제2항 또는 제3항에 따른 의약품의 품목허가를 신청하거나 같은 조 제9항에 따른 효능·효과에 관한 변경허가를 신청한 자는 다음 각 호의 사항을 기재한 별지 제59호의5서식의 품목허가 신청사실 통지서를 특허권등재자와 등재의약품의 특허권자등(이하 "등재특허권자등"

이라 한다)에게 통지하여야 한다.

1. 품목허가 또는 변경허가 신청일

2. 특허목록에 등재된 특허권(이하 "등재특허권"이라 한다)의 존속기간 만료 전에 의약품을 상업적으로 제조·수입하여 판매할 목적으로 등재의약품의 안전성·유효성에 관한 자료에 근거하여 품목허가 또는 변경허가를 신청한 사실

3. 등재특허권이 무효이거나 품목허가 또는 변경허가를 신청한 의약품이 등재특허권을 침해하지 아니한다는 판단의 근거

② 법 제50조의4제5항 후단에서 "총리령으로 정하는 사항"이란 다음 각 호의 사항을 말한다. 〈개정 2021. 3. 8.〉

1. 허가신청일

2. 주성분 및 그 함량

3. 제형

4. 용법·용량

5. 효능·효과

6. 등재의약품의 명칭

[본조신설 2015. 3. 13.]

[제62조의4에서 이동, 종전 제62조의5는 제62조의6으로 이동 〈2022. 7. 21.〉]

제62조의6(판매금지 신청) ① 법 제50조의5제1항에 따라 판매금지를 신청하려는 자는 별지 제59호의6서식의 판매금지 신청서(전자문서로 된 신청서를 포함한다)에 법 제50조의5제1항에 따른 진술서와 다음 각 호의 사항을 증명할 수 있는 서류(전자문서를 포함한다)를 첨부하여 식품의약품안전처장에게 제출하여야 한다.

1. 법 제50조의4에 따른 통지를 받은 날

2. 법 제50조의5제2항 각 호의 소를 제기하거나 심판을 청구하거나 받은 사실

3. 법 제50조의5제2항 각 호의 소 또는 심판에 대한 판결 또는 심결이 있는 경우 그 사실

② 제1항에 따라 판매금지를 신청하려는 자는 식품의약품안전처장이 정하여 고시하는 수수료를 내야 한다.

[본조신설 2015. 3. 13.]

[제62조의5에서 이동, 종전 제62조의6은 제62조의7로 이동 〈2022. 7. 21.〉]

제62조의7(판매금지 등) ① 식품의약품안전처장은 법 제50조의5제1항에 따라 판매금지가 신청된 의약품이 판매금지 요건을 충족하는 경우에는 등재특허권자등과 통지의약품의 품목허가 또는 변경허가를 신청한 자에게 판매금지된 의약품의 명칭 및 판매금지기간을 알려야 한다.

② 등재특허권자등 또는 판매금지된 의약품의 품목허가 또는 변경허가를 신청한 자는 법 제50조의6제3항제1호부터 제6호까지, 제9호 또는 제10호의 사유가 있는 경우 이를 지체 없이 식품의약품안전처장에게 알려야 한다.

③ 식품의약품안전처장은 법 제50조의6제3항 각 호의 사유가 있는 경우 판매금지의 효력이 소멸됨을 등재특허권자등과 판매금지된 의약품의 품목허가 또는 변경허가를 신청한 자에게 알려야 한다.

[본조신설 2015. 3. 13.]

[제62조의6에서 이동, 종전 제62조의7은 제62조의8로 이동 〈2022. 7. 21.〉]

제62조의8(우선판매품목허가의 신청) ① 법 제50조의7제1항에 따라 우선판매품목허가를 신청하려는 자는 별지 제59호의7서식의 우선판매품목허가 신청서(전자문서로 된 신청서를 포함한다)를 식품의약품안전처장에게 제출하여야 한다.

② 법 제50조의7제3항 전단에서 "총리령으로 정하는 사항"이란 다음 각 호의 사항을 말한다.

1. 특허번호
2. 특허심판번호
3. 심판 청구일

③ 법 제50조의7제4항 각 호 외의 부분에서 "총리령으로 정하는 서류"란 다음 각 호의 서류(전자문서를 포함한다)를 말한다.

1. 법 제50조의7제2항 각 호의 심판 청구서로서 청구의 취지 및 그 이유를 기재한 것

2. 법 제50조의7제2항 각 호의 심판 결과에 불복한 경우 청구의 취지 및 원인을 기재한 소장

3. 법 제50조의8제1항제2호의 심결 또는 판결을 받은 경우 이를 증명할 수 있는 서류

4. 품목허가신청 의약품이 의약품 동등성의 입증이 필요한 의약품인 경우 동등성 입증 시험 결과

5. 품목허가신청 의약품이 제9조제6호의 임상시험성적에 관한 자료 제출 의약품인 경우 임상시험성적 결과

④ 법 제50조의7제4항제5호에서 "총리령으로 정하는 사항"이란 다음 각 호의 사항을 말한다.

1. 우선판매품목허가 신청 의약품에 관한 정보

2. 등재의약품에 관한 정보

⑤ 제1항에 따라 우선판매품목허가를 신청하려는 자는 식품의약품안전처장이 정하여 고시하는 수수료를 내야 한다.

[본조신설 2015. 3. 13.]

[제62조의7에서 이동, 종전 제62조의8은 제62조의9로 이동 〈2022. 7. 21.〉]

제62조의9(우선판매품목허가) ① 식품의약품안전처장은 법 제50조의8제1항에 따라 우선판매품목허가가 신청된 의약품이 우선판매품목허가 요건을 충족하는 경우에는 우선판매품목허가를 신청한 자에게 우선판매품목허가 의약품의 명칭 및 법 제50조의9제1항에 따른 판매금지기간을 알려야 한다. 〈개정 2017. 12. 13.〉

② 법 제50조의8제2항에서 "총리령으로 정하는 사항"이란 다음 각 호의 사항을 말한다. 〈개정 2017. 12. 13.〉

1. 주성분 및 그 함량

2. 제형

3. 용법 · 용량

4. 효능 · 효과

5. 우선판매품목허가일

[본조신설 2015. 3. 13.]

[제62조의8에서 이동, 종전 제62조의9는 제62조의10으로 이동 〈2022. 7. 21.〉]

제62조의10(동일의약품 등에 대한 판매금지 등) ① 식품의약품안전처장은 법 제50조의9제1항에 따른 판매금지기간을 우선판매품목허가를 받은 의약품과 동일의약품에 대한 품목허가 또는 변경허가를 신청한 자에게 알려야 한다.

② 법 제50조의9제2항 및 법 제50조의10제2항제2호에 따른 판매가능일은 다음 각 호의 날 중 늦은 날로 한다.

1. 우선판매품목허가를 받은 날

2. 법 제50조의4제1항제2호에 따른 등재특허권의 존속기간 만료일 다음 날

③ 우선판매품목허가를 받은 자는 해당 의약품에 대하여 「국민건강보험법」 제41조제1항제2호에 따라 요양급여를 신청한 경우 이를 지체 없이 식품의약품안전처장에게 알려야 한다.

[본조신설 2015. 3. 13.]

[제62조의9에서 이동, 종전 제62조의10은 제62조의11로 이동 〈2022. 7. 21.〉]

제62조의11(동일의약품 등에 대한 판매금지 효력의 소멸 등) ① 삭제 〈2024. 3. 11.〉

② 식품의약품안전처장은 법 제50조의10제1항에 따라 판매금지의 효력이 소멸된 경우 또는 같은 조 제2항에 따라 판매금지의 효력을 소멸시키는 경우 우선판매품목허가를 받은 자와 그로 인하여 판매금지된 의약품의 품목허가 또는 변경허가를 받은 자에게 판매금지의 효력이 소멸된 사실 및 소멸된 날을 알려야 한다.

③ 우선판매품목허가를 받은 자가 법 제50조의10제4항에 따라 같은 항 각 호의 어느 하나에 해당하는 사유가 발생한 사실을 보고하려는 경우에는 그 사유가 발생한 날부터 15일 이내에 별지 제59호의8서식의 판매금지 효력소멸 사유 발생 보고서(전자문서로 된 보고서를 포함한다)에 해당 사유의 발생에 관한 서류(전자문서를 포함한다)를 첨부하여 식품의약품안전처장에게 제출해야 한다. 〈신설 2024. 3. 11.〉

[본조신설 2015. 3. 13.]

[제62조의10에서 이동, 종전 제62조의11은 제62조의12로 이동 〈2022. 7. 21.〉]

제62조의12(영향평가) ① 식품의약품안전처장은 법 제50조의11에 따른 영향평가(이하 "영향평가"라 한다)를 1년마다 실시하여야 한다.

② 제1항에서 규정한 사항 외에 영향평가의 실시에 필요한 세부사항은 식품의약품안전처장이 정한다.

[본조신설 2015. 3. 13.]

[제62조의11에서 이동, 종전 제62조의12는 제62조의13으로 이동 〈2022. 7. 21.〉]

제62조의13(특정집단의 범위) 법 제52조의2제1항에서 "총리령으로 정하는 집단"이란 다음 각 호의 어느 하나에 해당하는 사람으로 구성된 집단을 말한다. 〈개정 2021. 9. 10.〉

1. 65세 이상인 사람
2. 19세 미만인 사람
3. 임산부
4. 신(腎: 콩팥)장애 환자 등 의약품에 대한 이상반응을 확인할 필요가 있다고 식품의약품안전처장이 인정하는 환자

[본조신설 2016. 6. 30.]

[제62조의12에서 이동 〈2022. 7. 21.〉]

제63조(국가출하승인의약품의 범위) 법 제53조제1항에 따라 국가출하승인을 받아야 하는 의약품은 생물학적 제제 중 백신 · 항독소 · 혈

장분획제제 및 국가관리가 필요한 것으로서 식품의약품안전처장이 정하는 제제(이하 "국가출하승인의약품"이라 한다)로 한다. 다만, 수출을 목적으로 하는 의약품으로서 수입자가 요청한 경우와 식품의약품안전처장이 국가출하승인을 면제하는 것으로 정하는 품목은 그러하지 아니하다.

제64조(의약품의 국가출하승인 신청) ① 법 제53조제1항에 따라 국가출하승인의약품의 출하승인을 받으려는 자는 동일제조번호의 의약품마다 별지 제60호서식의 국가출하승인 신청서(전자문서로 된 신청서를 포함한다)에 식품의약품안전처장이 정하여 고시하는 제조·품질관리에 관한 자료(전자문서를 포함한다)를 첨부하여 제65조제1항에 따른 출하승인에 필요한 시료와 함께 식품의약품안전처장에게 제출해야 한다. 〈개정 2023. 10. 25.〉

② 제1항에 따라 국가출하승인의약품의 출하승인을 신청하는 자는 식품의약품안전처장이 정하여 고시하는 수수료를 내야 한다.

제65조(시료의 채취) ① 제64조제1항에 따라 출하승인을 신청하려는 자는 출하승인을 받으려는 의약품 중에서 출하승인에 필요한 시료를 다음 각 호의 기준에 따라 채취하여 식품의약품안전처장에게 제출해야 하며, 출하승인 신청 수량의 의약품 전부를 격리하여 보관해야 한다. 다만, 수입자가 제60조제1항제5호에 따른 시험검사 또는 검정을 목적으로 사용하는 수량은 제외한다.

1. 채취한 시료는 적당한 용기에 넣어 봉인할 것
2. 봉인한 용기에 제조소 또는 영업소의 명칭·제품명·제조번호·제조연월일 및 채취량을 적을 것
3. 수입품은 원 제조원 및 수입자의 명칭을 추가하여 적을 것

② 제1항에도 불구하고 식품의약품안전처장은 국민 보건에 위해가 우려되거나 환자의 치료를 위하여 긴급하게 의약품 공급이 필요한 경우 등 식품의약품안전처장이 인정하는 경우에는 관계 중앙행정기관의 공무원이나 식품의약품안전처장이 임명하는 법 제78조제1항에 따른 약사감시원(이하 "약사감시원"이라 한다)으로 하여금 출하승

인에 필요한 시료를 채취하게 할 수 있다.

③ 식품의약품안전처장은 제1항 및 제2항에 따른 시료의 양과 국가출하승인 처리기간, 검정항목 등을 식품의약품안전처의 인터넷 홈페이지에 공고해야 한다.

④ 제1항부터 제3항까지에서 규정한 사항 외에 시료의 종류, 채취 절차 및 방법, 그 밖에 시료의 채취에 필요한 사항은 식품의약품안전처장이 정하여 고시한다.

[전문개정 2023. 10. 25.]

제66조(국가출하승인의 통지 등) ① 식품의약품안전처장은 제64조에 따른 국가출하승인 신청을 받았을 때에는 식품의약품안전처장이 정하는 기준에 따라 그 출하승인을 받으려는 의약품에 대한 제조·품질관리에 관한 자료 검토 및 검정 등을 하여 그 결과를 신청인에게 통지하여야 한다. 이 경우 기준을 충족하는 경우에는 별지 제61호서식의 국가출하승인서를 발급하여야 한다.

② 식품의약품안전처장은 제1항에 따른 출하승인을 원활히 하기 위하여 필요하다고 인정하는 경우에는 제1항의 기준 중 필요한 항목만을 지정하여 검정할 수 있다.

③ 식품의약품안전처장은 제1항 또는 제2항에 따라 검정을 실시한 경우 검정에 대한 성적서를 3년간 보존하여야 한다. 다만, 유효기간이 3년 이상인 의약품의 검정에 대한 성적서는 그 유효기간이 만료될 때까지 보존하여야 한다.

④ 제1항에 따라 국가출하승인 결과를 통지받은 자는 제65조제1항에 따라 격리하여 보관한 의약품의 격리를 해제할 수 있다. 〈개정 2023. 10. 25.〉

제67조(시료의 불반환) 제65조에 따라 채취한 시료는 반환하지 아니한다. 다만, 시험을 하여도 그 형태가 변경되지 아니하는 시료인 기계·기구는 그 시험이 끝난 날부터 6개월이 지난 후 신청인이 반환 청구한 경우에는 반환하여야 한다.

제68조(국가출하승인서의 표시) ① 제66조제1항 후단에 따라 국가

출하승인서를 발급받은 자는 그 국가출하승인 결과를 광고해서는 아니 된다. 다만, 용기·포장 등에 이를 표시하려는 경우에는 그 국가출하승인서의 전문을 기재하여야 한다.

② 제1항에 따라 국가출하승인 결과를 표시하는 경우에 그 국가출하승인서의 내용을 변경하여 표시하거나 “정부보증” 또는 이와 유사한 문자를 표시해서는 아니 된다.

제69조(의약품의 표시 및 기재사항) ① 법 제56조제1항제10호에 따라 의약품의 용기나 포장에 기재하여야 할 사항은 다음 각 호와 같다. 다만, 전문의약품의 경우 제2호의 기재사항은 첨부 문서에 기재되었을 때에만 생략할 수 있으며, 시각장애인을 위하여 제품의 명칭, 품목허가를 받은 자 또는 수입자의 상호 등은 점자표기를 병행할 수 있다.

1. 성상(性狀)

2. 효능·효과

3. 저장방법

4. 삭제 〈2017. 12. 13.〉

5. 모든 제조공정을 위탁제조하거나 원료칭량(稱量)·포장공정을 제외한 모든 공정을 위탁제조하는 경우에는 제조자의 상호와 주소(기재방법은 위탁자 또는 위탁제조판매업자는 “제조의뢰자”로, 수탁자는 “제조자”로 한다)

6. 수입품 또는 수입하여 소분한 경우 생산국 제조자의 상호와 주소(기재방법은 수입 또는 소분한 자는 “수입자” 또는 “소분제조자”로, 생산국 제조자는 “제조자”로 한다)

7. 제62조제5호에 따른 규격품 한약의 경우 “규격품”이라는 표시와 원산지명(국가명 등)

8. 낱알모음하여 한 알씩 사용할 수 있도록 포장하는 경우 낱알모음포장에 제품의 명칭, 품목허가를 받은 자 또는 수입자의 상호, 제조번호, 사용기한 또는 유효기한. 다만, 사용기한 또는 유효기한은 기한을 넘지 아니하는 범위에서 연월로 표시할 수 있다.

9. 식품의약품안전처장과 협의하여 보건복지부장관이 정하는 바코드 또는 전자태그(RFID tag)

10. 동물에서 유래된 성분(첨가제를 포함한다)을 사용하는 경우 그 성분명, 기원 동물 및 사용부위. 다만, 빈 캡슐 등 제조공정상 소해면상뇌증의 감염 우려가 없는 품목의 경우에는 그러하지 아니하다.

11. 삭제 〈2017. 12. 13.〉

12. 식품의약품안전처장이 오·남용의 우려가 현저하다고 인정하여 고시하는 품목(이하 "오·남용우려의약품"이라 한다)인 경우 "오·남용우려의약품"이라는 문자

13. 타르색소를 사용하는 경우 그 명칭

14. 국가출하승인의약품인 경우 포장단위마다 "국가출하승인의약품"이라는 문자

② 법 제56조제1항 각 호 외의 부분 단서에 따라 면적이 좁아 기재사항 중 일부를 기재할 수 없는 용기나 포장에는 다음 각 호에 따라 그 기재사항의 일부를 생략하거나 기재를 갈음할 수 있다.

1. 법 제56조제1항 각 호의 사항을 기재할 수 없는 직접의 용기나 포장에는 해당 기재사항이 외부의 용기나 포장 또는 첨부 문서에 기재되었을 때에만 제품의 명칭, 제조번호, 유효기한 또는 사용기한, 품목허가를 받은 자 또는 수입자의 상호를 제외한 기재사항을 생략할 수 있다. 다만, 제1항제9호의 기재사항은 식품의약품안전처장이 정하는 경우 반드시 기재하여야 한다.

2. 법 제56조제1항제8호의 사항을 기재할 때에는 "전문의약품" 또는 "일반의약품"[안전상비의약품은 "일반(안전상비)의약품"]이라는 문자를 각각 "전문" 또는 "일반"[안전상비의약품은 "일반(안전상비)"]이라는 문자로 표시할 수 있다.

3. 제1항제12호의 사항을 기재할 때에는 "오·남용우려의약품"이라는 문자를 "오·남용우려"라는 문자로 표시할 수 있다.

4. 법 제56조제1항제9호의 사항 중 용법·용량, 그 밖에 사용 또

는 취급할 때에 필요한 주의사항을 기재할 수 없는 다음 각 목의 어느 하나에 해당하는 의약품의 용기나 포장에는 해당 기재사항이 첨부 문서에 기재된 경우에만 "용법 · 용량-첨부문서 참조" 및 "주의사항-첨부문서 참조"라는 문자로 표시할 수 있다.

가. 전문의약품

나. 의사 또는 치과의사의 처방전에 의하여 조제되는 일반의약품으로서 "조제용"으로 표시된 의약품

다. 정제 · 캡슐제를 제외한 내용량이 50그램 이하 또는 50밀리리터 이하의 의약품

라. 1회용 포장 의약품(정제 · 캡슐제만 해당된다)

5. 제4호에도 불구하고 제4호나목부터 라목까지의 의약품을 제외한 일반의약품의 경우 외부의 용기나 외부의 포장에 용법 · 용량, 그 밖에 사용 또는 취급할 때에 필요한 주의 사항을 기재한 경우에만 그 직접의 용기 또는 포장에 "용법 · 용량-첨부문서 참조" 및 "주의사항-첨부문서 참조"라는 문자로 표시할 수 있다.

③ 법 제56조제1항 각 호 외의 부분 단서에 따라 「고압가스 안전관리법」에 따라 관리하는 용기에는 다음 각 호의 사항을 제외한 기재사항을 생략할 수 있다.

1. 제조업자의 상호와 주소
2. 제조번호와 사용기한

④ 법 제56조제1항 각 호 외의 부분 단서에 따라 의약품등 제조소에서만 사용할 목적으로 제조된 원료의약품(한약재는 제외한다)의 용기나 포장에는 다음 각 호의 사항을 제외한 기재사항을 생략할 수 있다.

1. 제품명
2. 제조번호, 유효기한 또는 사용기한
3. 저장방법
4. 제조업자의 상호와 주소

⑤ 법 제56조제1항 각 호 외의 부분 단서에 따라 수입한약재의

용기나 포장에는 다음 각 호의 사항을 제외한 기재사항을 생략할 수 있다.

1. 수입자의 상호
2. 제품의 명칭
3. 중량 또는 용량
4. 원산지명(국가명)
5. 검사기관 및 검사 연월일

⑥ 삭제 〈2016. 10. 28.〉

⑦ 법 제56조제1항 각 호 외의 부분 단서에 따라 다음 각 호의 어느 하나에 해당하는 의약품의 용기나 포장에는 제1항제9호의 기재사항을 생략할 수 있다. 〈개정 2015. 9. 25., 2018. 3. 30., 2022. 12. 29.〉

1. 희귀질환자가 식품의약품안전처장이 정하는 바에 따라 구매를 신청하여 법 제91조제1항에 따른 한국희귀·필수의약품센터의 장이 제57조제1항제1호에 따라 직접 수입하는 희귀질환자 치료용 의약품
2. 차폐(遮蔽)가 필요한 방사성의약품
3. 혈액제제
4. 빈 캡슐
5. 그 밖에 식품의약품안전처장이 정하는 의약품

⑧ 법 제56조제1항 각 호 외의 부분 단서에 따라 일반의약품의 용기나 포장에 다음 각 호의 사항을 적을 때에는 식품의약품안전처장이 정하는 바에 따라 그 내용을 요약하여 일부만을 적을 수 있다. 〈개정 2014. 8. 21.〉

1. 용법·용량, 그 밖에 사용 또는 취급할 때에 필요한 주의 사항
2. 효능·효과

⑨ 법 제56조제1항 각 호 외의 부분 단서에 따라 한약재를 원료로 사용하는 의약품의 용기나 포장에는 원료 한약재의 원산지명을 표시할 수 있다. 〈신설 2017. 1. 4.〉

⑩ 법 제56조제1항제7호 단서의 "총리령으로 정하는 성분"이란

다음 각 호의 성분을 말한다. 〈신설 2017. 12. 13.〉

1. 보존제를 제외한 소량 함유 성분

2. 제13조에 따른 품목허가증 및 품목신고증에 기재된 성분 중 원료약품(원자재) 및 그 분량에 기재된 원료명 이외의 성분으로서 별도 규격 등으로 정하는 성분

제70조(첨부 문서의 기재사항) ① 법 제58조제4호에 따라 첨부 문서에 기재하여야 하는 사항은 다음과 같다.

1. 법 제56조제1항제1호, 제2호, 제4호부터 제7호까지, 제9호 및 제10호(제69조제1항제9호의 사항은 제외한다)

2. “전문의약품” 또는 “일반의약품”[안전상비의약품은 “일반(안전상비)의약품”]이라는 문자

3. “오 · 남용우려의약품”이라는 문자

4. 사용기한 또는 유효기한이 지났거나 변질 · 변패 · 오염되거나 손상된 의약품은 약국개설자, 안전상비의약품 판매자 및 의약품 판매업자에게만 바꾸어 준다는 내용과 교환방법

5. 첨부 문서 작성 연월일 또는 최종 개정 연월일

② 삭제 〈2016. 10. 28.〉

③ 제1항에도 불구하고 의약품의 용기나 포장에 제1항 각 호의 사항(한약재의 경우는 제69조제5항 각 호의 사항을 말한다)이 용기나 포장에 기재된 경우에는 첨부 문서를 생략할 수 있다. 〈개정 2016. 6. 30.〉

제71조(기재상의 주의사항) 법 제59조에 따라 의약품의 용기나 포장 또는 첨부 문서의 기재사항 작성 시 주의하여야 할 사항은 다음과 같다.

1. 법 제56조제1항제1호 및 이 규칙 제69조제1항제5호 · 제6호의 주소(법인인 경우에는 주된 사무소의 소재지)는 시 · 도명(외국의 경우에는 국가명)만을 기재할 수 있으며, 용기 또는 포장이나 첨부문서 중 어느 하나에는 그 주소를 명확하게 기재할 것

2. 제69조제1항제9호에 따른 바코드 또는 전자태그는 판독기(判

讀機)로 인식될 수 있고 다른 의약품으로 잘못 인식되지 아니하도록 정확하게 표시할 것

3. 의약품의 내용량은 용기나 포장 자체의 무게가 포함되지 아니한 양을 기재할 것

4. 제품의 특징은 허가된 범위에서 충분히 객관성이 있는 내용만을 기재할 것

5. 유효성분의 규격을 기재할 것

6. 효능·효과를 거짓 또는 과장하는 인상을 주는 약리작용을 기재하지 아니할 것

7. 복합제의 경우 성분별 효능이나 효과, 관련 질병 등을 나열하여서는 아니 되며, 상승작용 또는 상가작용을 표현하려는 경우에는 객관성이 있는 근거자료에 의할 것

8. 사용상의 주의사항은 알아보기 쉽도록 명확하게 기재할 것

9. 예외적인 자료 등을 일반적 사실인 것처럼 표현하지 아니할 것

10. 동물실험자료를 설명하거나 인용할 때에는 실험동물의 종류 등을 명확하게 기재하여야 하며, 그 실험의 결과가 인체에 대한 안전성·유효성 등을 보장하는 것처럼 표현하지 아니할 것

11. 다른 의약품과의 비교자료를 기재하는 경우에는 객관성이 있는 근거에 의하여야 하며, 비교대상 의약품은 유효성분의 일반명칭으로 할 것

12. 법 제56조제1항제8호 및 이 규칙 제70조제1항제2호에 따른 문자는 쉽게 확인될 수 있도록 기재할 것

13. 용법이 특정한 한가지로 정하여진 주사제 용기에는 굵은 글씨로 용법을 알아보기 쉽게 한글 또는 영문 약자 등을 이용하여 기재할 것(기재방법은 "정맥 주사용"·"정주용"·"I.V.", "근육 주사용"·"근주용"·"I.M." 등). 다만, 수액용 주사제는 제외한다.

14. 그 밖에 글자 크기, 줄 간격, 기재방법 및 예외사항 등에 관하여 식품의약품안전처장이 정하여 고시하는 사항을 지킬 것

제71조의2(시각·청각장애인을 위한 의약품의 표시 방법 및 기준) ① 법 제59조의2에 따라 의약품의 용기, 포장 또는 첨부 문서(법 제58조제2항에 따라 첨부 문서 대신 전자적 방법 등으로 법 제58조제1항 각 호의 사항을 제공한 경우 전자적 방법 등으로 확인 가능한 사항을 포함한다. 이하 같다)에 점자 및 음성·수어영상변환용 코드를 표시하는 경우 다음 각 호의 구분에 따른다.

1. 점자 표시(용기 또는 포장에 표시하는 경우로 한정한다): 「점자법」 제10조에 따른 점자규정에 따를 것. 다만, 용기 또는 포장의 재질 등으로 인하여 해당 점자규정에 따라 표시할 수 없는 경우에는 식품의약품안전처장이 정하여 고시하는 바에 따라 표시한다.

2. 음성·수어영상변환용 코드 표시: 다음 각 목의 기준 또는 방법에 따를 것

가. 「이동통신단말장치 유통구조 개선에 관한 법률」 제2조에 따른 이동통신단말장치 등으로 음성·수어영상변환용 코드를 인식하는 경우 음성·수어영상을 제공할 것

나. 음성·수어영상변환용 코드의 테두리는 양각 또는 촉각 돌기 등을 사용하여 표시할 것. 다만, 해당 의약품의 용기 또는 포장에 양각 또는 촉각 돌기 등을 사용하여 음성·수어영상변환용 코드의 테두리를 표시한 경우에는 첨부 문서에 그 표시를 생략할 수 있다.

② 제1항에서 규정한 사항 외에 점자 및 음성·수어영상변환용 코드 표시의 방법 및 기준에 관하여 필요한 사항은 식품의약품안전처장이 정하여 고시한다.

[본조신설 2024. 5. 21.]

[종전 제71조의2는 제71조의3으로 이동 〈2024. 5. 21.〉]

제71조의3(의약품 불법판매 행위 등의 모니터링) ① 법 제61조의2제2항에 따른 모니터링(이하 이 조에서 “모니터링”이라 한다)은 다음 각 호의 구분에 따른다.

1. 상시 모니터링: 주기적으로 제3항에 따른 모니터링 계획에 따라 실시하는 모니터링

2. 수시 모니터링: 법 제61조의2제2항 각 호의 위반에 대하여 혐의가 있는 경우 등 식품의약품안전처장이 필요하다고 판단하여 실시하는 모니터링

② 법 제61조의2제2항제4호에서 "총리령으로 정하는 행위"란 법 제68조를 위반하여 의약품을 광고하는 행위를 말한다.

③ 법 제61조의3제1항 및 영 제32조의7에 따라 모니터링 업무를 위탁받은 기관 또는 단체(이하 "모니터링 위탁기관"이라 한다)는 제1항제1호에 따른 상시 모니터링을 실시하기 전에 모니터링의 기간, 내용 및 방법 등을 포함한 모니터링 계획을 수립하여 식품의약품안전처장에게 제출해야 한다.

④ 제1항 각 호에 따른 모니터링 업무를 수행한 모니터링 위탁기관은 모니터링 업무를 완료한 날부터 30일 이내에 결과보고서를 식품의약품안전처장에게 제출해야 한다.

⑤ 제1항부터 제4항까지에서 규정한 사항 외에 모니터링의 절차 및 방법 등에 필요한 사항은 식품의약품안전처장이 정하여 고시한다.

[본조신설 2023. 10. 25.]

[제71조의2에서 이동, 종전 제71조의3은 제71조의4로 이동 〈2024. 5. 21.〉]

제71조의4(의약품 불법판매 행위 등의 조사를 위한 자료제출 등) ① 식품의약품안전처장이 법 제61조의2제3항에 따라 같은 항 전단에 따른 정보통신서비스 제공자등(이하 이 조에서 "정보통신서비스 제공자등"이라 한다)에게 요청할 수 있는 자료의 범위는 다음 각 호와 같다. 〈개정 2023. 10. 25.〉

1. 위반행위자의 인적 사항에 관한 자료

2. 위반행위자의 영업소에 관한 자료

3. 위반행위의 내용에 관한 자료

4. 그 밖에 의약품 불법판매 행위 등의 조사를 위해 식품의약품안전처장이 필요하다고 인정하는 자료

② 식품의약품안전처장은 법 제61조의2제3항에 따라 정보통신서

비스 제공자등에게 자료제출을 요청하는 경우에는 다음 각 호의 사항이 포함된 문서(전자문서를 포함한다)로 해야 한다. 〈개정 2023. 10. 25.〉

1. 자료제출의 근거 법령에 관한 사항

2. 제출자료의 범위에 관한 사항

3. 자료제출의 방식 및 기한에 관한 사항

4. 그 밖에 제1호부터 제3호까지에 준하는 사항으로서 식품의약품안전처장이 필요하다고 인정하는 사항

③ 법 제61조의2제4항에 따라 정보통신서비스 제공자등이 식품의약품안선처장에게 위반사실을 통보하는 경우에는 나음 각 호의 사항이 포함된 문서(전자문서를 포함한다)로 해야 한다. 〈개정 2023. 10. 25.〉

1. 위반사실의 내용

2. 위반사실이 발생한 인터넷 주소

3. 위반사실에 대한 증빙자료

[본조신설 2019. 12. 6.]

[제71조의3에서 이동 〈2024. 5. 21.〉]

제72조(봉함) 법 제63조에 따른 의약품의 용기나 포장의 봉함은 이를 뜯지 아니하고서는 그 용기나 포장을 개봉할 수 없도록 하여야 하며, 개봉한 후에는 쉽게 원상으로 회복시킬 수 없도록 하여야 한다.

제73조(안전용기ㆍ포장 대상 품목 및 기준) ① 법 제64조에 따라 안전용기ㆍ포장을 사용하여야 하는 품목은 경구(經口)로 투여되는 의약품으로서 다음 각 호의 어느 하나에 해당하는 품목으로 한다. 다만, 의사의 처방에 따라 조제에 사용되는 의약품은 제외한다.

1. 1회 복용량에 30밀리그램 이상의 철 성분을 함유한 의약품

2. 아스피린 성분을 함유한 의약품

3. 개별포장(낱알모음포장 또는 1병 단위의 포장 등 소량포장단위를 말한다. 이하 같다)당 1그램을 초과한 아세트아미노펜 성분을 함

유한 의약품

4. 개별포장당 1그램을 초과한 이부프로펜 성분을 함유한 의약품

5. 소아용의약품 중 내용액제

6. 개별포장당 0.045밀리그램을 초과한 로페라마이드 성분을 함유한 의약품

7. 개별포장당 나프록센 성분이 250밀리그램을 초과한 나프록센 및 그 염류를 함유한 의약품

8. 개별포장당 케토프로펜 성분이 50밀리그램을 초과한 케토프로펜 및 그 염류를 함유한 의약품

9. 개별포장당 66밀리그램을 초과한 디펜히드라민 및 그 염류를 함유한 의약품

② 제1항에 따른 의약품의 품목허가를 받은 자나 수입자는 그 제조 또는 수입한 의약품을 판매할 경우에는 식품의약품안전처장이 정하는 바에 따라 안전용기·포장을 사용하여야 한다. 〈개정 2018. 3. 30.〉

제74조(의약외품 용기 등에의 기재사항) ① 법 제65조제1항 각 호 외의 부분 단서에 따라 직접 담는 용기나 직접 포장에 법 제65조제1항 각 호의 기재사항을 모두 기재할 수 없는 경우에는 다음 각 호에 따른 방법으로 기재사항의 일부를 생략하거나 다른 기재사항으로 갈음할 수 있다. 〈개정 2017. 12. 13., 2018. 10. 25.〉

1. 법 제65조제1항 각 호의 기재사항을 외부의 용기나 포장 또는 첨부 문서에 기재한 경우: 제품의 명칭, 제조업자 또는 수입자의 상호, 제조번호, 사용기한을 제외한 기재사항을 생략할 것. 다만, 법 제2조제7호가목에 해당하는 물품의 경우에는 제품의 명칭, 제조업자 또는 수입자의 상호를 제외한 기재사항을 생략할 수 있다.

2. 제3항제3호 또는 제4호의 기재사항을 외부의 용기나 포장 또는 첨부 문서에 기재한 경우: 직접 담는 용기나 직접 포장하는 부분에 "용법·용량-외부의 용기나 포장 또는 첨부문서 참조" 또는 "주의사항-외부의 용기나 포장 또는 첨부문서 참조"라는 기재사항으로

갈음할 것

② 법 제65조제1항제5호 단서의 "총리령으로 정하는 성분"이란 다음 각 호의 성분을 말한다. 〈신설 2017. 12. 13.〉

1. 보존제를 제외한 소량 함유 성분

2. 제13조에 따른 품목허가증 및 품목신고증에 기재된 성분 중 원료약품(원자재) 및 그 분량에 기재된 원료명 이외의 성분으로서 별도 규격 등으로 정하는 성분

③ 법 제65조제1항제8호에 따라 의약외품의 용기나 포장에 기재해야 하는 사항은 다음 각 호와 같다. 〈개정 2016. 10. 28., 2017. 12. 13., 2022. 12. 7., 2023. 10. 25.〉

1. 효능 · 효과

2. 용법 · 용량

3. 저장방법

4. 사용상의 주의사항

5. 동물에서 유래된 성분(첨가제를 포함한다)을 사용하는 경우 그 성분명, 기원 동물 및 사용 부위. 다만, 빈 캡슐 등 제조공정상 소해면상뇌증의 감염 우려가 없는 품목의 경우에는 그러하지 아니하다.

6. 모든 제조공정을 위탁제조하거나 원료칭량 · 포장공정을 제외한 모든 공정을 위탁제조하는 경우 제조자의 상호와 주소(위탁자는 "제조의뢰자"로, 수탁자는 "제조자"로 기재한다)

7. 수입품 또는 수입하여 소분한 경우 생산국 제조자의 상호와 주소(기재방법은 수입 또는 소분한 자는 "수입자" 또는 "소분제조자"로, 생산국 제조자는 "제조자"로 한다)

8. 금연보조제의 경우 식품의약품안전처장이 정하는 다음 각 목의 사항

가. 경고문구

나. 타르 · 일산화탄소 등 특정성분에 관한 사항

9. 삭제 〈2017. 12. 13.〉

10. 타르색소를 사용하는 경우 그 명칭

제74조의2(의약외품 첨부 문서의 기재사항) 법 제65조의3제4호에 따라 첨부 문서에 기재하여야 하는 사항은 다음과 같다.

1. 법 제65조제1항 각 호의 사항 중 같은 항 제4호 및 제8호를 제외한 사항

2. 사용기한이 지났거나 변질·변패·오염 또는 손상된 의약외품에 대한 교환장소, 연락처 및 교환방법

3. 첨부 문서의 작성 연월일 또는 최종 개정 연월일

[본조신설 2018. 10. 25.]

제75조(의약외품 기재상의 주의) 법 제65조의4에 따라 의약외품의 용기나 포장 및 첨부 문서의 기재사항 작성 시 주의하여야 할 사항은 다음 각 호와 같다. 〈개정 2018. 10. 25.〉

1. 의약외품의 내용량은 용기나 포장 자체의 무게가 포함되지 아니한 양을 기재할 것(법 제2조제7호가목에 해당하는 물품은 제외한다)

2. 제품의 특징은 허가된 범위에서 충분히 객관성이 있는 내용만을 기재할 것

3. 효능·효과를 거짓 또는 과장하는 인상을 주는 약리작용을 기재하지 아니할 것

4. 유효성분의 규격을 기재할 것(내용액제, 내용고형제, 연고제, 카타플라스마제, 외용스프레이파스만 해당한다)

5. 사용상의 주의사항은 알아보기 쉽도록 명확하게 기재할 것

6. 예외적인 자료 등을 일반적 사실인 것처럼 표현하지 아니할 것

7. 동물실험자료를 설명하거나 인용할 때에는 실험동물의 종류 등을 명확하게 기재하여야 하며, 그 실험의 결과가 인체에 대한 안전성·유효성 등을 보장하는 것처럼 표현하지 아니할 것

8. 다른 의약외품과의 비교자료를 기재하는 경우에는 객관성이 있는 근거에 의하여야 하며, 비교대상의 의약외품은 유효성분의 일반명칭으로 할 것

9. 법 제65조제1항제7호에 따른 문자는 쉽게 확인될 수 있도록 기재할 것

10. 그 밖에 기재방법 및 예외사항 등에 관하여 식품의약품안전처장이 정하여 고시하는 사항을 지킬 것

제75조의2(시각·청각장애인을 위한 의약외품의 표시 방법 및 기준) 법 제65조의5에 따라 의약외품의 용기, 포장 또는 첨부 문서에 점자 및 음성·수어영상변환용 코드를 표시하는 경우 그 표시 방법 및 기준에 관하여는 제71조의2를 준용한다.

[본조신설 2024. 5. 21.]

제75조의3(시각·청각장애인을 위한 표시에 관한 실태조사 및 평가 등) ① 법 제65조의6제3항에서 "총리령으로 정하는 기준"이란 제71조의2 및 제75조의2에 따른 기준을 말한다.

② 법 제65조의6제3항에 따른 실태조사 및 평가에는 다음 각 호의 사항이 포함되어야 한다.

1. 의약품등의 점자 및 음성·수어영상변환용 코드 표시 현황에 관한 사항

2. 시각·청각장애인이 의약품등에 표시된 점자 및 음성·수어영상변환용 코드를 통해 의약품등의 정보를 적절히 확인할 수 있는지에 관한 사항

3. 그 밖에 점자 및 음성·수어영상변환용 코드의 적정성 확인을 위해 식품의약품안전처장이 필요하다고 인정하는 사항

③ 법 제65조의6제3항에 따른 실태조사 및 평가는 서면조사, 현장조사, 설문조사 등의 방법으로 실시할 수 있다.

④ 식품의약품안전처장(법 제65조의6제5항에 따라 같은 조 제3항에 따른 실태조사·평가·연구개발 업무를 위탁받은 수탁기관을 포함한다. 이하 이 조에서 같다)은 법 제65조의6제3항에 따른 실태조사 및 평가의 실시를 위하여 필요한 경우에는 관계 기관·법인·단체의 장에게 자료의 제출이나 의견의 진술을 요청할 수 있다.

⑤ 식품의약품안전처장은 법 제65조의6제3항에 따른 실태조사 및 평가의 효율적 실시를 위해 필요하다고 인정하는 경우에는 해당 실태조사 및 평가에 시각·청각장애인 또는 관계 전문가를 참여하게

할 수 있다.

[본조신설 2024. 5. 21.]

제76조(공공기관 납품용품 용기 등의 기재사항) 공공기관 납품을 조건으로 허가받은 의약품등의 용기나 포장의 외부에는 법과 이 규칙의 규정에 따른 기재사항 외에 "납품용"이라는 문자를 기재하여야 한다.

제77조(기재사항의 표시) 법 제56조부터 제58조까지 및 법 제65조에 따른 기재사항은 한글로 기재하되, 한글과 같은 크기의 한자 또는 외국어를 함께 기재할 수 있다. 다만, 수출용 의약품등의 경우는 그 수출대상국의 언어로 기재할 수 있다.

제78조(의약품등의 광고 범위 등) ① 법 제68조제6항 각 호 외의 부분 단서에서 "총리령으로 정하는 경우"란 다음 각 호의 어느 하나에 해당하는 경우를 말한다. 〈개정 2018. 4. 25.〉

1. 「감염병의 예방 및 관리에 관한 법률」 제2조제2호부터 제12호까지의 감염병의 예방용 의약품을 광고하는 경우

2. 의학·약학에 관한 전문가 등을 대상으로 하는 의약전문매체에 광고하는 경우

3. 의학·약학에 관한 전문가 등을 대상으로 하는 학술적 성격의 매체 또는 수단을 이용하여 광고하는 경우

② 법 제68조제7항에 따른 의약품등의 광고 매체 또는 수단은 다음 각 호와 같다. 〈개정 2018. 4. 25.〉

1. 신문·방송 또는 잡지

2. 전단·팸플릿·견본 또는 입장권

3. 인터넷 또는 컴퓨터통신

4. 포스터·간판·네온사인·애드벌룬 또는 전광판

5. 비디오물·음반·서적·간행물·영화 또는 연극

6. 방문광고 또는 실연에 의한 광고

7. 자기의 의약품등의 용기나 포장 또는 다른 상품의 용기나 포장(법 제56조부터 제58조까지 및 법 제65조에 따라 자기의 의약품

등의 용기나 포장 등에 기재된 사항은 의약품등의 광고에 해당하지 아니한다)

8. 그 밖에 제1호부터 제7호까지와 유사한 매체 또는 수단

③ 의약품등을 광고하는 경우에 준수하여야 할 사항은 별표 7과 같다.

제79조(광고심의 대상 등) ① 법 제68조의2제1항에 따라 의약품 제조업자, 품목허가를 받은 자 또는 수입자(이하 "광고신청인"이라 한다)가 다음 각 호의 어느 하나에 해당하는 매체 또는 수단을 이용하여 의약품 광고를 하려면 법 제68조의2제2항 및 영 제32조의5에 따라 의약품 광고심의에 관한 업무를 위탁받은 기관(이하 "광고심의기관"이라 한다)의 심의를 받아야 한다.

1. 「신문 등의 진흥에 관한 법률」 제2조제1호·제2호에 따른 신문·인터넷신문 및 「잡지 등 정기간행물의 진흥에 관한 법률」 제2조제1호에 따른 정기간행물. 다만, 의학·약학에 관한 전문가 등을 대상으로 전문적인 내용을 전달하거나 학술적 성격을 지니고 있는 매체 또는 수단을 이용하여 광고하는 경우를 제외한다.

2. 「방송법」 제2조제1호가목 및 나목에 따른 텔레비전방송과 라디오방송

3. 「표시·광고의 공정화에 관한 법률 시행령」 제2조제2호에 따른 인터넷

4. 식품의약품안전처장이 정하여 고시하는 매체 또는 수단

② 제1항에도 불구하고 광고신청인이 광고신청인의 상호, 허가 또는 신고한 제품명 및 의약품의 효능·효과와 용법·용량만을 제1항 제1호 본문에 따른 매체를 이용하여 광고하려는 경우에는 광고심의기관의 심의를 받지 아니하고 광고할 수 있다.

③ 제2항에 따라 광고신청인이 의약품 광고를 하려는 경우에는 그 사실을 미리 광고심의기관에 알려야 한다. 이 경우 광고심의기관은 해당 광고가 심의를 받을 필요가 있다고 인정되면 지체 없이 광고신청인에게 해당 광고의 심의를 받을 것을 알려야 한다.

제80조(광고심의 절차 등) ① 광고신청인은 별지 제62호서식의 의약품 광고사전심의 신청서에 다음 각 호의 서류를 첨부하여 광고심의기관에 제출하여야 한다.

1. 의약품 광고내용 1부
2. 의약품 설명서 1부

② 제1항에 따른 신청을 받은 광고심의기관은 제83조에 따른 의약품광고심의위원회(이하 "심의위원회"라 한다)의 심의를 거쳐 해당 의약품에 대한 광고심의 결과를 확정한 후 신청일부터 10일 이내에 광고신청인에게 서면으로 알려야 한다. 다만, 부득이한 사유로 그 기간 내에 심의 결과를 통지할 수 없는 경우에는 광고신청인에게 지연 사유와 처리예정기간을 알려야 한다.

③ 신청인은 제2항에 따라 통지받은 심의 결과에 이의가 있는 경우에는 별지 제62호서식의 의약품 광고사전심의 이의신청서에 이의신청의 취지와 사유를 밝혀 심의 결과를 통지받은 날부터 10일 이내에 광고심의기관에 이의신청을 할 수 있다.

④ 제3항에 따라 이의신청을 받은 광고심의기관은 심의위원회의 심의를 다시 거쳐 이의신청을 받은 날부터 10일 이내에 신청인에게 그 이의신청에 대한 심의 결과를 서면으로 알려야 한다.

⑤ 제1항에 따른 신청을 하는 자는 식품의약품안전처장이 정하여 고시하는 수수료를 납부하여야 한다. 〈신설 2017. 12. 13.〉

[제목개정 2017. 12. 13.]

제81조(심의내용의 변경) ① 제80조에 따라 의약품의 심의를 받은 자가 심의받은 광고내용을 변경하여 광고하려면 그 변경 내용에 관하여 제80조에 따라 심의를 받아야 한다. 다만, 광고내용을 변경하지 아니하는 범위에서 자구(字句)를 수정하거나 삭제하여 광고하려는 경우에는 심의를 받지 아니하고 광고할 수 있다.

② 제1항 단서에 따라 광고하려는 자는 그 사실을 미리 광고심의기관에 알려야 한다. 이 경우 광고심의기관은 통보받은 내용이 광고내용을 변경한 것이라고 인정되면 지체 없이 해당 광고를 하려는

자에게 심의를 받을 것을 알려야 한다.

第82조(심의 결과의 표시) 광고신청인이 제80조와 제81조에 따라 심의받은 내용을 광고하려면 심의 받은 사실을 광고에 표시하여야 한다.

第83조(의약품광고심의위원회의 구성 및 운영 등) ① 광고심의기관은 의약품 광고를 심의하기 위하여 의약품광고심의위원회를 설치·운영하여야 한다.

② 심의위원회는 위원장 1명과 부위원장 2명을 포함하여 10명 이상 20명 이하의 위원으로 구성하되, 제3항제2호부터 제4호까지에 해당하는 자가 심의위원회 구성원의 과반수가 되어야 한다.

③ 위원은 다음 각 호의 어느 하나에 해당하는 사람 중에서 광고심의기관의 장이 위촉하고, 위원장 및 부위원장은 심의위원회에서 호선(互選)한다.

1. 광고심의기관의 회원사 소속 종사자
2. 「소비자기본법」에 따른 소비자단체 또는 「비영리민간단체지원법」에 따른 민간단체의 장이 추천하는 사람
3. 의약품 관련 학회·단체의 장이 추천한 사람
4. 그 밖에 보건의료에 관한 학식과 경험이 풍부한 사람

④ 위원의 임기는 1년으로 하되, 연임할 수 있다. 다만, 제3항제1호에 따른 위원은 1회만 연임할 수 있다.

⑤ 광고심의기관의 장은 의약품 광고에 대한 심의 결과와 이의신청에 대한 심의 결과를 분기별로 분기가 끝난 후 20일 이내에 식품의약품안전처장에게 보고하여야 한다.

⑥ 제1항부터 제5항까지의 규정에서 정한 사항 외에 심의위원회의 구성·운영 및 심의에 필요한 사항은 심의위원회의 의결을 거쳐 광고심의기관의 장이 정한다.

第84조(부작용 등의 보고) ① 법 제68조의8제1항에서 "총리령으로 정하는 의약품등의 안전성·유효성에 관한 사례"란 의약품등의 투여·사용 중 바람직하지 아니하고 의도되지 아니한 징후, 증상 또는

질병이 발생한 사례를 말하며, 반드시 해당 의약품과 인과관계가 밝혀진 사례로 한정하지 아니한다. 〈개정 2016. 10. 28.〉

② 법 제68조의8제2항에서 "총리령으로 정하는 중대한 질병·장애·사망 사례"란 다음 각 호의 어느 하나에 해당하는 사례를 말한다. 〈개정 2016. 10. 28., 2022. 12. 29.〉

1. 사망을 초래하거나 생명을 위협하는 사례
2. 입원 또는 입원기간의 연장이 필요한 사례
3. 지속적 또는 중대한 장애나 기능저하를 초래하는 사례
4. 선천적 기형 또는 이상을 초래하는 사례
5. 제1호부터 제4호까지의 사례 외에 약물 의존성이나 남용의 발생 또는 혈액질환 등 그 밖에 의학적으로 중요한 상황이 발생하여 치료가 필요한 사례

제84조의2(약물역학조사관의 자격·직무 범위 등) ① 법 제68조의12제1항에 따른 약물역학조사관은 다음 각 호의 어느 하나에 해당하는 사람 중에서 임명하거나 위촉한다. 〈개정 2022. 12. 29.〉

1. 의약품안전관리원에서 의약품 부작용의 인과관계 조사·규명을 담당하는 직원
2. 「농어촌 등 보건의료를 위한 특별조치법」제2조에 따른 공중보건의사
3. 「의료법」제2조제1항에 따른 의사·치과의사·한의사
4. 법 제2조제2호에 따른 약사, 한약사
5. 그 밖에 약화사고 등 의약품 부작용과 관련된 분야의 전문가

② 의약품안전관리원의 장은 위촉한 약물역학조사관에게 예산의 범위 안에서 수당과 여비를 지급할 수 있다.

③ 약물역학조사관은 다음 각 호 중 어느 하나에 해당하는 경우 의약품과 부작용의 인과관계를 조사·규명한다. 〈개정 2016. 10. 28., 2022. 12. 29.〉

1. 질병·장애·사망 등 중대한 약물이상반응이 나타난 약화사고가 발생한 경우

2. 특정지역 또는 특정시기에 이상사례가 다수 발생한 경우

3. 법 제86조의4제1항에 따른 의약품 부작용 피해구제 신청이 있는 경우

4. 그 밖에 식품의약품안전처장이 의약품과 부작용의 인과관계를 조사·규명할 필요성이 있다고 인정하는 경우

④ 약물역학조사관의 신분을 증명하는 증표는 별지 제85호서식에 따른다.

[본조신설 2014. 10. 10.]

제85조(의약품등 품질의 관리) ① 법 제69조에 따라 식품의약품안전처장은 제조·수입 또는 판매되는 의약품등에 대한 품질의 적합여부 등을 확인하기 위하여 품질검사에 필요한 표준품 등의 관리요령, 시료의 수거 및 검사방법, 검사성적서의 발행, 검사 결과에 따른 조치방법, 그 밖의 세부 사항을 따로 정할 수 있다.

② 식품의약품안전처장은 시·도지사에게 의약품등의 품질관리를 위하여 의약품등의 수거·검사 등 필요한 사항을 요청할 수 있다.

제86조(수거 등) ① 약사감시원이 법 제69조제1항제3호에 따라 물품 또는 의약품등을 수거하는 경우에는 별지 제63호서식의 수거증을 피수거인에게 발급하여야 한다.

② 약사감시원은 법 제71조제1항에 해당하는 물품 또는 의약품등에 대하여 봉함·봉인의 조치를 할 수 있다.

제87조(약사감시원의 직무 범위) 법 제69조제3항에 따른 약사감시원의 직무 범위는 다음과 같다. 〈개정 2014. 8. 20., 2015. 3. 13., 2018. 10. 25.〉

1. 식품의약품안전처 또는 지방식품의약품안전청 소속 약사감시원: 의약품등의 제조업자·수입자 또는 위탁제조판매업자, 특허권등재자, 등재특허권자등, 임상시험실시기관, 임상시험검체분석기관, 비임상시험실시기관과 그 업무장소 및 임상시험, 비임상시험, 품질검사 관련자에 대한 약사(藥事) 감시, 의약품등의 수거·검사 및 등재의약품, 등재특허권 또는 우선판매품목허가 의약품의 검토·관리.

다만, 보건복지부장관이 식품의약품안전처장에게 요청하여 식품의약품안전처장이 지시하는 경우와 식품의약품안전처장 또는 지방청장의 지시가 있는 경우에는 제2호 본문의 직무를 할 수 있다.

2. 보건복지부, 특별시 · 광역시 · 도 · 특별자치도 또는 시 · 군 · 구 소속 약사감시원: 약국개설자, 안전상비의약품 판매자, 의료기관의 개설자, 그 밖에 의약품등의 판매업자와 그 업무장소에 대한 약사감시와 의약품등의 수거 · 검사. 다만, 식품의약품안전처장이 특별시 · 광역시 · 도 · 특별자치도 또는 시 · 군 · 구 소속 약사감시원에게 지시하는 경우에는 제1호 본문의 직무를 수행할 수 있으며, 보건복지부장관이 필요하다고 인정하는 경우에는 보건복지부 소속 약사감시원에게 제1호 본문의 직무를 수행하게 할 수 있다.

제87조의2(합의보고서 등) ① 법 제69조의3에 따른 합의 사항의 보고는 별지 제63호의2서식의 합의보고서(전자문서로 된 보고서를 포함한다)에 따른다.

② 법 제69조의3 각 호 외의 부분에서 "총리령으로 정하는 사항"이란 다음 각 호의 사항을 말한다.

1. 합의 당사자
2. 합의 내용
3. 합의 시기
4. 합의와 관련된 의약품 정보

[본조신설 2015. 3. 13.]

제87조의3(해외제조소에 대한 출입 · 검사 등) ① 식품의약품안전처장은 법 제69조의5제1항에 따라 해외제조소에 대한 출입 · 검사를 할 때에는 수입자, 해외제조소의 관리자 또는 수출국 정부에 해당 출입 · 검사 실시일 20일 전에 다음 각 호의 사항을 문서(전자문서를 포함한다)로 알려야 한다.

1. 출입 · 검사 범위
2. 출입 · 검사 기간
3. 출입 · 검사 인력

4. 그 밖에 해외제조소에 대한 출입·검사의 효율적 수행을 위하여 식품의약품안전처장이 필요하다고 인정하는 사항

② 식품의약품안전처장은 법 제69조의5제2항에 따른 수입 중단등(이하 “수입 중단등”이라 한다)의 조치를 할 때에는 수입자, 해외제조소의 관리자 또는 수출국 정부에 다음 각 호의 사항을 문서(전자문서를 포함한다)로 알려야 한다.

1. 조치 내용
2. 조치 사유
3. 조치 일자
4. 그 밖에 수입 중단등의 조치를 위해 식품의약품안전처장이 필요하다고 인정하는 사항

③ 식품의약품안전처장은 법 제69조의5제3항에 따라 수입 중단등의 조치를 해제할 경우에는 수입자, 해외제조소의 관리자 또는 수출국 정부에 다음 각 호의 사항을 문서(전자문서를 포함한다)로 알려야 한다.

1. 해제 내용
2. 해제 사유
3. 해제 일자
4. 그 밖에 수입 중단등의 해제를 위해 식품의약품안전처장이 필요하다고 인정하는 사항

[본조신설 2019. 12. 6.]

제88조(회수·폐기명령 등) ① 법 제71조제2항에 따라 지방청장, 시·도지사 또는 시장·군수·구청장은 의약품등으로 인하여 공중위생상 위해가 발생하였거나 발생할 우려가 있다고 인정되면 제50조제2항 각 호의 구분에 따라 의약품등의 위해성 등급을 평가한 후 그 평가 결과에 따라 회수의무자에게 해당 의약품등의 회수·폐기나 그 밖에 필요한 조치를 명하여야 한다.

② 법 제72조제2항에 따른 공표의 방법에 관하여는 제89조제1항을 준용한다.

第89조(회수계획의 공표 등) ① 회수대상의약품등의 회수의무자는 법 제72조제1항에 따라 공표명령을 받은 경우에는 다음 각 호의 기준에 따라 회수계획을 공표하여야 한다.

1. 1등급 위해성: 방송, 일간신문 또는 이와 같은 수준 이상의 대중매체에 공고

2. 2등급 위해성: 의학·약학 전문지 또는 이와 같은 수준 이상의 매체에 공고

3. 3등급 위해성: 자사 홈페이지 또는 이와 같은 수준 이상의 매체에 공고

② 지방청장은 홈페이지에 제1항에 따른 회수대상의약품등의 회수의무자의 상호, 제품명, 제조번호, 제조일자, 사용기한 또는 유효기한, 회수사유를 게재할 수 있다.

③ 회수대상의약품등의 회수의무자는 회수대상의약품등을 취급하는 판매업자, 약국개설자, 안전상비의약품 판매자 또는 의료기관 개설자(이하 "회수대상의약품등의 취급자"라 한다)에게 방문, 우편, 전화, 전보, 전자우편, 팩스 및 언론매체를 통한 공고 등을 통하여 회수계획을 통보하여야 하며, 통보 사실을 입증할 수 있는 자료를 회수종료일부터 2년간 보관하여야 한다.

④ 제3항에 따라 회수계획을 전달받은 회수대상의약품등의 취급자는 회수대상의약품등을 반품하고, 별지 제64호서식의 회수확인서를 작성하여 회수대상의약품등의 회수의무자에게 송부하여야 한다.

⑤ 식품의약품안전처장은 회수대상의약품등의 정보 등을 제공하는 전산 프로그램을 구성·운영하여 회수대상의약품등의 취급자 등에게 설치하도록 권고할 수 있다

⑥ 법 제72조제1항 단서에서 "총리령으로 정하는 위해"란 제50조제2항제1호 또는 제2호에 해당하는 위해를 말한다.

⑦ 제1항에 따라 회수계획을 공표한 회수의무자는 다음 각 호의 사항이 포함된 공표 결과를 지체 없이 지방청장에게 제출하여야 한다.

1. 공표일

2. 공표매체

3. 공표횟수

4. 공표문 사본 또는 내용

⑧ 제1항부터 제7항까지의 규정에 따른 회수계획의 공표내용, 공표방법, 공표기간 및 통보 등에 관한 세부 사항은 식품의약품안전처장이 정하여 고시한다.

제90조(회수제품의 폐기 등) ① 회수대상의약품등의 회수의무자는 회수하거나 반품 받은 제품을 폐기하거나 그 밖의 위해를 방지할 수 있는 조치를 하여야 하고, 별지 제65호서식의 평가보고서를 작성하여야 한다.

② 회수대상의약품등의 회수의무자는 제1항에 따라 폐기를 하는 경우에는 별지 제66호서식의 폐기신청서를 관할 시·도지사에게 제출하고, 해당 시·도의 관계 공무원의 참관 하에 환경 관련 법령으로 정하는 바에 따라 폐기하여야 하며, 별지 제67호서식의 폐기확인서를 작성하여 2년간 보관하여야 한다.

③ 회수대상의약품등의 회수의무자는 회수를 완료한 경우에는 별지 제68호서식의 회수종료신고서에 다음 각 호의 서류를 첨부하여 지방청장에게 제출하여야 한다.

1. 별지 제64호서식의 회수확인서 사본

2. 별지 제65호서식의 평가보고서 사본

3. 별지 제66호서식의 폐기신청서 사본 및 별지 제67호서식의 폐기확인서 사본(폐기한 경우에만 제출한다)

④ 지방청장은 제3항에 따른 회수종료신고서를 받으면 다음 각 호에서 정하는 바에 따라 조치하여야 한다.

1. 회수계획서에 따라 회수대상의약품등의 회수를 적절하게 이행하였다고 판단되는 경우에는 회수가 종료되었음을 확인하고 회수의무자에게 이를 서면으로 통보할 것

2. 회수가 효과적으로 이루어지지 아니하였다고 판단되는 경우에는 회수의무자에게 회수에 필요한 추가 조치를 명할 것

⑤ 시·도지사는 제2항에 따른 폐기가 완료되면 그 사실을 지방청장에게 알려야 한다.

⑥ 식품의약품안전처장은 관련 법령에 따라 회수대상 의약품의 생산·수입량, 판매량, 유통재고량, 회수량 등을 인터넷 홈페이지에 공개할 수 있다. 〈신설 2018. 3. 30.〉

⑦ 제1항부터 제6항까지의 규정에 따른 회수의무자의 위해방지조치, 폐기절차, 평가보고서 작성, 회수 종료 확인·통보 등에 관한 세부 사항은 식품의약품안전처장이 정하여 고시한다. 〈개정 2018. 3. 30.〉

제91조 삭제 〈2014. 8. 20.〉

제92조 삭제 〈2014. 8. 20.〉

제93조 삭제 〈2014. 8. 20.〉

제94조 삭제 〈2014. 8. 20.〉

제95조(행정처분기준) 법 제76조제3항 및 법 제76조의2에 따른 행정처분의 기준은 별표 8과 같다.

제96조(허가증 등의 재발급) ① 의약품등의 제조업자·수입자 또는 위탁제조판매업자, 약국제제 또는 조제실제제를 제조하는 자, 임상시험계획의 승인을 받은 자, 임상시험실시기관, 임상시험검체분석기관, 임상시험 교육실시기관 또는 비임상시험실시기관이 그 허가증·신고증·등록증·승인서·지정서 또는 적합판정서(이하 이 조 및 제97조에서 "허가증등"이라 한다)를 잃어버리거나 못쓰게 된 경우 또는 허가증등의 기재사항이 변경된 경우에는 별지 제72호서식의 허가증등 재발급 신청서(전자문서로 된 신청서를 포함한다)에 못쓰게 된 허가증등(전자문서로 발급받은 경우는 각각 제외한다)을 첨부하여 의약품등의 제조업자·수입자·위탁제조판매업자·임상시험계획의 승인을 받은 자·임상시험실시기관·임상시험검체분석기관 또는 비임상시험실시기관은 식품의약품안전처장(의약품등 제조업 허가·신고증, 위탁제조판매업 신고증, 수입업 신고증, 의약품 동등성의 입증이 필요한 의약품의 제조판매·수입 품목허가증, 안전성·유효성

검토 대상이 아닌 의약외품의 제조판매·수입 품목허가증, 의약품등 제조판매·수입 품목신고증, 의약품 제조 및 품질관리기준 적합판정서의 재발급의 경우에는 지방청장을 말한다)에게, 조제실제제 또는 약국제제를 제조하는 자는 시장·군수·구청장(법 제41조제1항 단서에 따라 조제실제제를 제조하는 자는 시·도지사를 말한다)에게 각각 제출하여야 한다. 〈개정 2014. 8. 20., 2015. 9. 25., 2017. 12. 13., 2018. 3. 30., 2018. 10. 25., 2021. 3. 8.〉

② 식품의약품안전처장, 지방청장, 시·도지사 또는 시장·군수·구청장은 제1항에 따라 허가증등을 재발급하는 경우에는 해당 대장에 재발급 사유를 적어 넣어야 한다.

③ 제2항에 따라 신청인은 허가증등의 재발급을 받은 후 잃어버린 허가증등을 발견한 경우에는 지체 없이 이를 재발급한 식품의약품안전처장, 지방청장, 시·도지사 또는 시장·군수·구청장에게 반납하여야 한다.

④ 제1항에 따라 허가증등의 재발급을 신청하는 자는 식품의약품안전처장이 정하여 고시하는 수수료를 내야 한다.

제97조(허가증등의 반납) ① 의약품등의 제조업자·수입자 또는 위탁제조판매업자, 임상시험계획의 승인을 받은 자, 임상시험실시기관, 임상시험검체분석기관 또는 비임상시험실시기관이 법 제76조 또는 제76조의2에 따라 등록·허가·승인 또는 지정의 취소처분이나 위탁제조판매업소·제조소의 폐쇄처분(법 제31조제3항·제4항에 따라 신고한 업종만 해당한다. 이하 제2항에서 같다)을 받은 경우에는 그 처분을 받은 날부터 10일 이내에 허가증등을 식품의약품안전처장(의약품등 제조업 허가·신고증, 위탁제조판매업 신고증, 수입업 신고증, 의약품 동등성의 입증이 필요한 의약품의 제조판매·수입 품목허가증, 안전성·유효성 검토 대상이 아닌 의약외품의 제조판매·수입 품목허가증, 의약품등 제조판매·수입 품목신고증의 재발급의 경우에는 지방청장을 말한다)에게 반납하여야 한다. 다만, 의약품등 제조업 허가·신고증을 반납하는 경우에는 의약품 제조 및 품질관리기

준 적합판정서를 함께 반납하여야 한다. 〈개정 2014. 8. 20., 2015. 9. 25., 2018. 3. 30., 2018. 10. 25.〉

② 식품의약품안전처장 또는 지방청장은 법 제76조 또는 법 제76조의2에 따라 의약품등의 제조업자, 위탁제조판매업자, 의약품등의 수입자, 임상시험계획의 승인을 받은 자, 임상시험실시기관, 임상시험검체분석기관 또는 비임상시험실시기관의 등록·허가·승인 또는 지정의 취소처분이나 위탁제조판매업소·제조소의 폐쇄처분 또는 업무의 정지처분을 한 경우에는 해당 등록·허가 또는 신고대장에 그 처분에 관한 사항을 적어 넣어야 한다. 〈개정 2014. 8. 20., 2015. 9. 25., 2018. 10. 25.〉

제98조(약사감시원의 자격) 법 제78조에 따른 약사감시원은 다음 각 호의 어느 하나에 해당하는 사람 중에서 임명한다.

1. 약사(藥師) 또는 한약사
2. 약사(藥事)에 관한 지식과 경력이 있는 사람으로서 보건복지부장관, 식품의약품안전처장, 시·도지사 또는 시장·군수·구청장이 인정한 사람

제99조(약사감시원증) 약사감시원의 신분을 증명하는 증표는 별지 제73호서식에 따른다.

제100조(허가증 등의 갱신) ① 법 제80조에 따라 의약품등의 제조업자·수입자 또는 위탁제조판매업자가 허가받거나 신고한 사항에 대하여 식품의약품안전처장(의약품등 제조업 허가·신고증, 위탁제조판매업 신고증, 수입업 신고증, 의약품 동등성의 입증이 필요한 의약품의 제조판매·수입 품목허가증, 안전성·유효성 검토 대상이 아닌 의약외품의 제조판매·수입 품목허가증, 의약품등 제조판매·수입 품목신고증의 갱신의 경우에는 지방청장을 말한다)이 필요하다고 인정하는 경우 기간을 정하여 갱신한다. 〈개정 2015. 9. 25.〉

② 식품의약품안전처장 또는 지방청장이 제1항에 따라 갱신기간을 정한 경우에는 지체 없이 이를 공고한다.

③ 제1항에 따라 허가증·등록증 또는 신고증을 갱신하려는 자는

각각 별지 제74호서식의 허가증 등 갱신신청서(전자문서로 된 신청서를 포함한다)에 그 허가증·등록증 또는 신고증(전자문서로 발급받은 경우는 각각 제외한다)을 첨부하여 식품의약품안전처장(의약품등 제조업 허가·신고증, 위탁제조판매업 신고증, 수입업 신고증, 의약품 동등성의 입증이 필요한 의약품의 제조판매·수입 품목허가증, 안전성·유효성 검토 대상이 아닌 의약외품의 제조판매·수입 품목허가증, 의약품등 제조판매·수입 품목신고증의 갱신의 경우에는 지방청장을 말한다)에게 제출하여야 한다. 〈개정 2015. 9. 25., 2021. 3. 8.〉

④ 제3항에 따른 첨부서류에 대한 정보를 「전자정부법」 제36조제1항에 따른 행정정보의 공동이용을 통하여 확인할 수 있는 경우에는 그 확인으로 첨부서류를 갈음할 수 있다.

제101조(업무정지 처분을 갈음하여 부과하는 과징금의 징수절차) 영 제34조제2항제1호에 따른 과징금의 징수절차에 관하여는 「국고금관리법 시행규칙」을 준용한다. 이 경우 납입고지서에는 이의제기 방법 및 기간을 함께 적어 넣어야 한다.

[제목개정 2019. 12. 6.]

제101조의2(위해 의약품 제조 등에 대한 과징금의 부과 및 납부) ① 영 제34조의4제1항에 따른 과징금 납부통지서는 별지 제86호서식과 같다.

② 영 제34조의5제1항 및 제2항에 따른 과징금 납부기한 연기신청서는 별지 제87호서식과 같다.

③ 영 제34조의5제1항 및 제2항에 따른 과징금 분할납부 신청서는 별지 제88호서식과 같다.

④ 제1항부터 제3항까지에서 규정한 사항 외에 과징금의 부과 및 납부에 필요한 세부 사항은 식품의약품안전처장이 정하여 고시한다.

[본조신설 2019. 12. 6.]

제102조(수수료의 납부방법) 법 제82조에 따른 수수료는 수입인지(현금 또는 현금의 납입을 증명하는 증표), 수입증지 또는 정보통신

망을 이용한 전자화폐·전자결제 등의 방법으로 내야 한다.

제102조의2(등재료) ① 법 제82조의2에 따른 1년분의 등재료는 특허청구항 1개당 5,000원으로 한다.

② 특허권등재자는 최초 1년분의 등재료를 등재된 날부터 3개월 이내에 납부하여야 한다.

③ 특허권등재자는 2년차분부터의 등재료를 매년 1년분씩 등재된 날을 기준으로 3개월 이내에 납부하여야 한다. 다만, 특허권등재자는 2년차분부터의 등재료 중 여러 연차분을 일괄하여 납부할 수 있다.

④ 식품의약품안전처장은 특허권등재자가 제2항 또는 제3항 본문에 따른 기간 내에 등재료를 납부하지 않은 부득이한 사유가 있다고 인정하는 경우에는 1개월의 범위에서 납부기간을 연장할 수 있다. 〈신설 2021. 3. 8.〉

⑤ 법 제82조의2에 따른 등재료는 수입인지(현금 또는 현금의 납입을 증명하는 증표), 수입증지 또는 정보통신망을 이용한 전자화폐·전자결제 등의 방법으로 내야 한다. 〈개정 2021. 3. 8.〉

[본조신설 2015. 3. 13.]

제102조의3(전문인력 양성기관 지정신청서 등) ① 영 제34조의3제2항에 따른 지정신청서는 별지 제74호의2서식과 같다.

② 영 제34조의3제2항에서 "총리령으로 정하는 서류"란 다음 각 호의 서류를 말한다.

1. 전문인력 양성사업 계획서
2. 교육 및 훈련 관련 인력·시설·설비의 확보 현황에 관한 자료
3. 교육 및 훈련 관련 운영경비 조달계획서
4. 교육 및 훈련에 관한 운영규정

③ 영 제34조의3제4항에 따른 지정서는 별지 제74호의3서식과 같다.

[본조신설 2015. 9. 25.]

제102조의4(의약품 안전관리 종합계획 및 시행계획의 수립 등) 식

품의약품안전처장은 법 제83조의4제1항에 따른 의약품 안전관리 종합계획 또는 같은 조 제3항에 따른 의약품 안전관리에 관한 시행계획을 수립한 경우에는 이를 인터넷 홈페이지에 공개할 수 있다.

[본조신설 2019. 12. 6.]

[제102조의6에서 이동, 종전 제102조의4는 제102조의8로 이동 〈2023. 10. 25.〉]

제102조의5(의약품통합정보시스템의 구축·운영 등) ① 식품의약품안전처장은 법 제83조의5제1항에 따른 의약품통합정보시스템(이하 "통합정보시스템"이라 한다)의 효율적인 구축·운영을 위해 필요하다고 인정하는 경우에는 관계 공무원, 공공기관 임직원 또는 민간 전문가 등으로 구성되는 실무협의회를 구성·운영할 수 있다.

② 식품의약품안전처장은 법 제83조의5제2항에 따라 통합정보시스템의 구축·운영에 필요한 정보 제공을 요청하는 경우에는 다음 각 호의 사항이 포함된 문서(전자문서를 포함한다)로 해야 한다.

1. 요청 정보의 범위에 관한 사항

2. 제출 방식 및 기한에 관한 사항

3. 그 밖에 통합정보시스템의 효율적 구축·운영을 위해 식품의약품안전처장이 필요하다고 인정하는 사항

③ 법 제83조의5제2항제3호에서 "총리령으로 정하는 자"란 다음 각 호의 어느 하나에 해당하는 자를 말한다.

1. 법 제36조에 따른 제조관리자(법 제42조제5항에 따라 준용되는 경우를 포함한다)

2. 법 제37조의3에 따른 안전관리책임자(법 제42조제5항에 따라 준용되는 경우를 포함한다)

3. 법 제44조제2항제1호의2에 따른 안전상비의약품 판매자

④ 식품의약품안전처장은 법 제83조의5제3항 전단에 따라 통합정보시스템의 유지·관리 업무를 의약품안전관리원에 위탁한다. 이 경우 의약품안전관리원의 장은 사업운영의 현황 및 재정집행 내역 등에 관한 사항을 식품의약품안전처장에게 보고해야 한다.

[본조신설 2019. 12. 6.]
[제102조의7에서 이동, 종전 제102조의5는 제102조의9로 이동 〈2023. 10. 25.〉]

제102조의6(소비자 교육 및 홍보의 내용) 법 제83조의8제1항에 따른 의약품등의 판매, 구매, 표시·광고 등에 관한 교육 및 홍보는 다음 각 호의 내용을 포함해야 한다.

1. 의약품의 소비자는 법 제47조의4에 따라 같은 조 각 호의 어느 하나에 해당하는 의약품을 법 제44조에 따라 의약품을 판매할 수 있는 자 외의 자로부터 취득해서는 안 된다는 내용
2. 법 제61조에 따라 같은 조 제1항 각 호에 해당하는 것 또는 같은 조 제2항에 따른 의약품과 유사하게 표시되거나 광고된 것을 판매하거나 판매할 목적으로 저장 또는 진열해서는 안 된다는 내용
3. 법 제61조의2제1항에 따라 법 제44조, 제50조제1항·제2항에 위반되는 의약품의 판매를 알선하거나 광고해서는 안 되고, 법 제61조제1항 각 호에 해당하는 것 또는 같은 조 제2항에 따른 의약품과 유사하게 표시되거나 광고된 것의 판매를 알선하거나 광고해서는 안 된다는 내용
4. 그 밖에 소비자가 의약품등을 안전하게 사용하는 데 도움이 되는 내용

[본조신설 2023. 10. 25.]
[종전 제102조의6은 제102조의4로 이동 〈2023. 10. 25.〉]

제102조의7(의약품 불법판매 등 방지를 위한 연구·개발 지원) ① 식품의약품안전처장은 법 제83조의9제1항에 따라 정보통신망을 이용한 의약품 등의 불법판매의 알선·광고와 관련된 현황 조사, 효율적인 모니터링 기술 등을 마련하기 위한 연구·개발을 하려는 자가 연구·개발에 필요한 정보를 요청하는 경우 그 정보를 제공할 수 있다.

② 식품의약품안전처장은 제1항에 따른 정보를 보유하고 있지 않은 경우에는 해당 정보를 보유한 관계 중앙행정기관의 장, 공공기관의 장 및 그 밖에 관련 단체·기관의 장에게 정보 제공 등 필요한

협조를 요청할 수 있다.

[본조신설 2023. 10. 25.]

[종전 제102조의7은 제102조의5로 이동 〈2023. 10. 25.〉]

제102조의8(비축 의약품의 유효기간 연장 요청 등) ① 법 제85조의2제2항에 따라 보건복지부장관이 식품의약품안전처장에게 유효기간의 연장을 요청할 수 있는 의약품은 「감염병의 예방 및 관리에 관한 법률」 제40조제1항에 따라 비축한 의약품(이하 이 조에서 "비축 의약품"이라 한다)으로 한다.

② 법 제85조의2제2항에 따라 보건복지부장관은 비축 의약품의 유효기간을 연장하려는 경우에는 해당 비축 의약품의 유효기간이 종료되기 3개월 전까지 별지 제74호의4서식의 비축 의약품의 유효기간 연장 신청서에 다음 각 호의 자료를 첨부하여 식품의약품안전처장에게 제출하여야 한다.

1. 품질검사 성적서
2. 안정성시험 자료
3. 별표 1, 별표 3 또는 별표 6에 따라 비축 의약품이 보관되었음을 증명하는 자료
4. 연장 사유 및 비축 현황에 관한 자료
5. 그 밖에 비축 의약품의 안전성ㆍ유효성 등 검토에 필요한 자료로서 식품의약품안전처장이 정하여 고시하는 자료

③ 식품의약품안전처장은 제2항에 따른 비축 의약품의 유효기간 연장신청이 적합하다고 인정되는 경우에는 별지 제74호의5서식의 비축 의약품의 유효기간 연장 결과통지서를 발급하여야 한다.

④ 제3항에 따라 유효기간이 연장된 비축 의약품에 대한 관리기준은 다음 각 호와 같다.

1. 용기나 포장에는 연장된 유효기간을 반영하여 표시할 것
2. 반기별로 품질검사를 할 것
3. 그 밖에 안전성ㆍ유효성 확보를 위하여 식품의약품안전처장이 정하여 고시하는 사항을 준수할 것

⑤ 제2항부터 제4항에 따른 제출 자료의 종류·요건, 관리기준, 그 밖에 필요한 세부 사항은 식품의약품안전처장이 정하여 고시한다.

[본조신설 2015. 9. 25.]

[제102조의4에서 이동, 종전 제102조의8은 제102조의10으로 이동 〈2023. 10. 25.〉]

제102조의9(유사명칭의 사용금지) 법 제87조의2에서 "총리령으로 정하는 유사한 명칭"이란 제약, 약품, 신약을 말한다.

[본조신설 2017. 12. 13.]

[제102조의5에서 이동 〈2023. 10. 25.〉]

제102조의10(심사 또는 검토 결과 공개의 방법 및 절차 등) ① 법 제88조의2제1항에 따른 "총리령으로 정하는 의약품"이란 완제의약품을 말한다.

② 식품의약품안전처장은 법 제88조의2제1항에 따라 심사 또는 검토 결과를 공개하려는 경우에는 해당 의약품의 품목허가를 받은 자에게 그 심사 또는 검토 결과를 미리 통지하여 의견을 들을 수 있다.

③ 식품의약품안전처장은 법 제88조의2제1항에 따라 심사 또는 검토 결과를 공개하려는 경우에는 제조판매·수입 품목허가(시설 조건부 허가나 품목 조건부 허가를 포함한다)를 한 날 또는 제조판매·수입 품목신고를 수리한 날부터 180일 이내에 심사 또는 검토 결과를 식품의약품안전처장이 운영하는 인터넷 홈페이지에 공개한다.

[본조신설 2022. 1. 20.]

[제102조의8에서 이동 〈2023. 10. 25.〉]

제103조(제조업자 등의 지위 승계 등) ① 법 제89조제3항에 따른 제조업자 등의 지위 승계 신고를 하려는 자는 별지 제75호서식의 제조업자 등 지위 승계 신고서(전자문서로 된 신고서를 포함한다)에 허가증·신고증·지정서·임상시험계획 승인서 또는 적합판정서(전자문서로 발급받은 경우는 각각 제외한다)와 다음 각 호의 서류(전

자문서를 포함한다)를 첨부하여 식품의약품안전처장(의약품등의 제조업자, 위탁제조판매업자, 안전성·유효성 검토 대상이 아닌 의약외품의 제조판매·수입 품목 허가 및 신고를 받은 자, 의약품의 제조판매·수입 품목신고를 한 자의 경우에는 지방청장을 말한다)에게 제출하여야 한다. 〈개정 2018. 3. 30., 2018. 10. 25., 2021. 3. 8.〉

1. 양도·양수를 증명할 수 있는 서류의 사본(양도의 경우만 해당한다)

2. 「가족관계의 등록 등에 관한 법률」 제15조제1항제1호의 가족관계증명서와 상속인임을 증명하는 서류(상속의 경우만 해당한다)

3. 그 밖에 해당 사유별로 제조업자 등의 지위를 승계하였음을 증명할 수 있는 서류

4. 지위를 승계한 사람이 법 제5조제1호 본문에 해당되는 사람이 아님을 증명하는 의사의 진단서 또는 같은 호 단서에 해당하는 사람임을 증명하는 전문의의 진단서 및 같은 조 제3호에 해당되는 사람이 아님을 증명하는 의사의 진단서(법 제89조제1항에 따른 제조업자 등의 지위승계만 해당한다)

② 제1항에 따라 신고서를 제출받은 식품의약품안전처장은 「전자정부법」 제36조제1항에 따른 행정정보의 공동이용을 통하여 법인 등기사항증명서(법인인 경우만 해당한다)를 확인하여야 한다.

③ 제1항에 따라 제조업자 등의 지위 승계 신고를 하는 자가 의약품등의 제조소, 위탁제조판매업소, 임상시험실시기관, 임상시험계획의 승인을 받은 자, 임상시험검체분석기관 또는 비임상시험실시기관의 명칭 또는 상호를 변경하려는 경우나 의약품등의 제품명을 변경하려는 경우에는 이를 함께 신고할 수 있다. 이 경우 제8조, 제34조제6항, 제35조제7항, 제37조제6항에 따른 변경허가 또는 변경지정 신청을 하거나 변경신고를 한 것으로 본다. 〈개정 2014. 8. 20., 2018. 10. 25.〉

④ 제1항에 따라 지위 승계 신고를 하려는 자는 식품의약품안전

처장이 정하여 고시하는 수수료를 내야 한다.

제104조(규제의 재검토) 식품의약품안전처장은 다음 각 호의 사항에 대하여 다음 각 호의 기준일을 기준으로 3년마다(매 3년이 되는 해의 기준일과 같은 날 전까지를 말한다) 그 타당성을 검토하여 개선 등의 조치를 해야 한다. 〈개정 2021. 3. 8., 2022. 1. 20., 2022. 12. 7.〉

1. 제4조제1항제11호, 제47조 및 제48조에 따른 위해성 관리 계획의 제출 · 이행 · 보존: 2014년 1월 1일

2. 삭제 〈2023. 10. 25.〉

2의2. 제47조 및 별표 4의3에 따른 안전관리책임자의 준수사항: 2023년 1월 1일

2의3. 제48조에 따른 의약품등 제조업자의 준수사항(같은 조 제1호, 제5호, 제5호의2, 제6호, 제9호, 제9호의2, 제11호 및 제14호에 따른 제조업자 준수사항은 제외한다): 2023년 1월 1일

3. 제56조에 따른 약국제제 또는 조제실제제를 제조하려는 자의 준수사항: 2014년 1월 1일

4. 제60조의2제2항 · 제3항에 따른 해외제조소의 등록 · 변경등록: 2023년 1월 1일

5. 제95조 및 별표 8에 따른 행정처분 기준(Ⅱ. 개별기준 제2호, 제3호, 제15호마목, 제21호, 제22호, 제25호다목, 제28호 및 제32호는 제외한다): 2023년 1월 1일

[전문개정 2014. 8. 21.]

부칙 〈제1022호, 2013. 3. 23.〉

제1조(시행일) 이 규칙은 공포한 날부터 시행한다. 다만, 제49조제3항은 2013년 3월 27일부터 시행하고, 별표 8 Ⅰ. 일반기준 제2호 전단, 같은 표 Ⅰ. 일반기준 제12호거목 및 같은 표 Ⅱ. 개별기준 제35호다목은 2013년 4월 1일부터 시행한다.

제2조(특허관계 확인서 제출에 관한 적용례) 제4조제1항제10호는

보건복지부령 제86호 약사법 시행규칙 일부개정령 시행 이후 제조판매·수입 품목허가를 신청하는 자부터 적용한다.
제3조(품목허가 신청 사실 통지에 관한 적용례) 제19조는 보건복지부령 제86호 약사법 시행규칙 일부개정령 시행 이후 제조판매·수입 품목허가를 신청한 자부터 적용한다.
제4조(임상시험계획의 승인 등에 관한 적용례) ① 제24조제1항제2호 및 같은 조 제3항은 보건복지가족부령 제117호 약사법 시행규칙 일부개정령 시행 이후 임상시험계획의 승인을 받으려는 경우부터 적용한다.
② 제24조제1항제5호 및 별지 제23호서식은 보건복지부령 제165호 약사법 시행규칙 일부개정령 시행 이후 전자문서로 임상시험계획 승인서를 발급받은 자가 임상시험계획 변경승인을 받으려는 경우부터 적용한다.
제5조(의약품의 수입 허가 및 신고에 관한 적용례) 제57조는 보건복지가족부령 제117호 약사법 시행규칙 일부개정령 시행 이후 수입되는 의약품부터 적용한다.
제6조(의약품의 기재사항에 관한 적용례) 제71조제14호는 보건복지가족부령 제117호 약사법 시행규칙 일부개정령 시행 이후 제조 또는 수입되는 의약품부터 적용한다.
제7조(안전용기·포장 대상 품목에 대한 적용례) ① 제73조제1항제6호부터 제8호까지의 규정은 보건복지가족부령 제117호 약사법 시행규칙 일부개정령 시행 이후 제조 또는 수입되는 품목부터 적용한다.
② 제73조제1항제9호는 보건복지부령 제52호 약사법 시행규칙 일부개정령 시행 이후 제조 또는 수입하는 품목부터 적용한다.
제8조(의약외품 용기나 포장 및 첨부 문서의 기재사항에 대한 적용례) 제75조는 보건복지부령 제160호 약사법 시행규칙 일부개정령 시행 이후 제조 또는 수입하는 의약외품부터 적용한다.
제9조(야생 동·식물의 가공품 중 의약품 수출의 특례) 1993년 10

월 7일 이전에 수입한 품목 또는 국내품을 가공하여 제조된 의약품을 수출하려는 경우에는 제61조제1항제2호가목의 수출증명서 사본의 제출의무를 면제할 수 있으며, 이 경우 식품의약품안전처장은 1993년 10월 7일 이전에 수입된 품목 또는 국내품임을 확인할 수 있는 관련 자료를 요청할 수 있다.

제10조(시행일에 관한 경과조치) 제49조제3항은 이 규칙 시행일부터 2013년 3월 26일까지 다음과 같이 규정된 것으로 본다.

③ 의약품의 제조판매·수입 품목허가를 받은 자는 보건복지부장관이 식품의약품안전처장과 협의하여 고시하는 완제의약품의 생산·공급을 중단하는 경우 10일 이내에 그 사유를 식품의약품안전처장에게 보고하여야 한다.

제11조(의약품등의 허가·신고에 관한 경과조치) ① 보건사회부령 제933호 약사법시행규칙개정령 시행 당시 종전의 규정에 따라 허가를 받은 의약품등 중 신고대상품목에 해당하는 품목은 이 규칙에 따라 신고한 것으로 본다.

② 보건복지부령 제50호 약사법시행규칙중개정령 시행 당시 종전의 규정에 따라 의약품등의 제조업·소분업 허가 또는 의약품등의 제조·소분 또는 수입품목허가를 받거나 신고를 한 자는 이 규칙에 따라 허가를 받거나 신고한 것으로 본다.

③ 보건복지가족부령 제117호 약사법 시행규칙 일부개정령 시행 당시 종전의 규정에 따라 제조판매·수입품목 신고를 한 의약품등 중 이 규칙에 따라 제조판매·수입품목 신고대상에서 제외된 의약품등은 이 규칙에 따라 제조판매·수입품목 허가를 받은 것으로 본다.

제12조(허가관청 등의 변경에 따른 경과조치) 보건복지부령 제30호 약사법시행규칙중개정령 시행 당시 종전의 규정에 따라 보건복지부장관으로부터 허가 등을 받거나 보건복지부장관이 한 것으로서 다음 각 호의 어느 하나에 해당하는 것은 지방청장으로부터 허가 등을 받거나 지방청장이 한 것으로 본다.

1. 의료용 고압가스 제조업 및 한약재 제조업의 허가 및 변경허가

2. 의약품, 의약부외품 또는 위생용품의 제조·수입 품목신고 및 변경신고

3. 의약품등의 제조업·수입업의 휴업·폐업신고 수리

4. 생물학적 제제 또는 위생용품 제조(수입)관리자 승인

5. 제조·수입관리자 등의 신고 및 변경신고

6. 법 제69조에 따른 보고 또는 검사

7. 법 제73조에 따른 검사명령

제13조(제조판매·수입품목의 허가·신고 시 제출자료 등에 관한 경과조치) 보건복지부령 제127호 약사법 시행규칙 일부개정령 시행 당시 종전의 규정에 따라 제조판매·수입품목의 허가를 신청하거나 또는 신고한 경우의 제출자료 등에 대해서는 종전의 규정에 따른다.

제14조(안전성·유효성 심사 등에 관한 경과조치) ① 보건복지부령 제160호 약사법 시행규칙 일부개정령 시행 당시 종전의 규정에 따라 식품의약품안전청장에게 제출된 안전성·유효성 심사의뢰서 중 생물학적 동등성시험 계획서에 대한 심사는 종전의 규정에 따른다.

② 이 규칙 시행 당시 종전의 「약사법 시행규칙」에 따라 식품의약품안전청장에게 제출된 의약품등의 안전성·유효성 심사의뢰서 또는 기준 및 시험방법 심사의뢰서에 대한 심사는 종전의 「약사법 시행규칙」을 따르고, 식품의약품안전청장이 통지한 안전성·유효성 심사결과통지서 또는 기준 및 시험방법 심사결과통지서로서 2년이 지나지 아니한 것은 이 규칙 제4조제1항제1호 및 제2호에 따른 안전성·유효성에 관한 자료 또는 기준 및 시험방법에 관한 자료로 본다.

제15조(생물학적 동등성시험 계획서 승인에 관한 경과조치) 보건복지부령 제160호 약사법 시행규칙 일부개정령 시행 당시 종전의 규정에 따라 식품의약품안전청장에게 생물학적 동등성시험 계획서 및 의약품등의 안전성·유효성 심사의뢰서를 제출하여 적합하다는 결과통지서를 받은 자는 이 규칙에 따라 식품의약품안전처장에게 생물학적 동등성시험 계획서의 승인을 받은 것으로 본다.

제16조(생물학적 동등성시험실시기관에 관한 경과조치) 보건복지부

령 제160호 약사법 시행규칙 일부개정령 시행 당시 종전에 식품의약품안전청장이 정하여 고시한 바에 따라 생물학적 동등성시험을 실시하기에 적합하다는 판정을 받은 기관은 이 규칙에 따라 지정된 생물학적 동등성시험실시기관으로 본다.

제17조(비임상시험실시기관의 지정에 관한 경과조치) 보건복지부령 제160호 약사법 시행규칙 일부개정령 시행 당시 종전에 식품의약품안전청장이 정하여 고시한 바에 따라 비임상시험실시기관으로 지정을 받은 기관은 이 규칙에 따라 지정된 비임상시험실시기관으로 본다.

제18조(원료의약품 제조업자 등의 준수사항에 관한 경과조치) ① 보건복지부령 제145호 약사법시행규칙중개정령 시행 당시 원료의약품 제조업자로서 식품의약품안전청장이 정하는 제조 및 품질관리기준에 따라 실시상황 적합판정을 받은 자는 별표 1의 의약품 제조 및 품질관리기준에 따라 실시상황 적합판정을 받은 자로 본다.

② 보건복지부령 제127호 약사법 시행규칙 일부개정령 시행 당시 종전의 규정에 따라 한약재 제조판매품목 허가를 받거나 제조판매품목 신고를 한 한약재 제조업자는 2014년 12월 31일까지는 별표 2에도 불구하고 종전의 규정에 따라 해당 품목을 제조할 수 있다.

③ 제2항에 따른 한약재 제조업자는 2014년 12월 31일까지 해당 품목이 별표 2에 따른 한약재 제조 및 품질관리기준에 적합하다는 식품의약품안전처장의 평가를 받아야 한다. 이 경우 평가를 받아야 하는 품목이 둘 이상일 때에는 하나의 품목에 관한 자료만을 제출할 수 있다.

제19조(완제의약품의 공급중단에 관한 경과조치) 보건복지부령 제160호 약사법 시행규칙 일부개정령 시행일인 2013년 3월 27일 후 60일 이내에 완제의약품의 생산·공급을 중단하는 경우 식품의약품안전처장에 대한 보고에 관하여는 제49조제3항 본문에도 불구하고 종전(보건복지부령 제160호로 개정되기 전의 것)의 규정에 따른다.

제20조(의약품등의 안전 및 품질 관련 유통관리 준수사항에 관한 경과조치) 보건복지부령 제208호 약사법 시행규칙 일부개정령 시행

당시 의약품 도매상으로서 식품의약품안전청장이 정한 의약품유통관리기준에 따라 적격업소로 지정받은 자는 별표 6 제7호에 따라 적격업소로 지정받은 자로 본다.

제21조(의약품의 광고심의에 관한 경과조치) 보건복지가족부령 제12호 약사법 시행규칙 일부개정령 시행 당시 종전의 규정에 따라 사전심의를 받은 의약품 광고는 이 규칙에 따라 광고심의를 받은 것으로 본다.

제22조(고시·처분·명령·지정 및 계속 중인 행위에 관한 경과조치) 이 규칙 시행 전에 종전의 「약사법 시행규칙」에 따라 행정기관이 한 고시·처분·명령·지정 그 밖의 행위와 행정기관에 대해 한 각종 신청·신고 그 밖의 행위는 그에 해당하는 이 규칙에 따른 행정기관의 행위 또는 행정기관에 대한 행위로 본다.

제23조(서식에 관한 경과조치) 이 규칙 시행 당시 종전의 「약사법 시행규칙」에 따른 서식은 이 규칙 시행일부터 한 달까지 이 규칙에 따른 서식과 함께 사용할 수 있다.

제24조(위반사항의 횟수에 따른 행정처분기준에 관한 경과조치) ① 이 규칙 시행 당시 종전의 규정에 따라 별표 8 Ⅱ. 개별기준 제35호다목의 위반사항에 대하여 행한 행정처분에 대하여는 별표 8 Ⅰ. 일반기준 제2호를 적용하지 아니한다.

② 제1항에도 불구하고 이 규칙 시행 당시 종전의 규정에 따라 별표 8 Ⅱ. 개별기준 제35호다목의 위반사항에 대하여 1차 위반으로 2012년 4월 1일부터 2013년 3월 31일까지 사이에 행정처분을 받은 자가 이 규칙 시행 이후 다시 같은 위반행위를 하여 종전의 행정처분을 받은 날부터 1년 이내에 적발된 경우에는 이 규칙에 따라 2차 위반을 한 것으로 본다.

③ 제1항에도 불구하고 이 규칙 시행 당시 종전의 규정에 따라 별표 8 Ⅱ. 개별기준 제35호다목의 위반사항에 대하여 2차 이상 위반으로 2012년 4월 1일부터 2013년 3월 31일까지 사이에 행정처분을 받은 자가 이 규칙 시행 이후 다시 같은 위반행위를 하여 종

전의 행정처분을 받은 날부터 1년 이내에 적발된 경우에는 이 규칙에 따라 3차 위반을 한 것으로 본다.

제25조(행정처분기준 변경에 관한 경과조치) 이 규칙 시행 전의 위반행위에 대한 행정처분은 별표 8 Ⅱ. 개별기준 제35호다목에도 불구하고 종전의 규정에 따른다. 다만, 이 규칙 시행 전의 위반행위를 한 자가 별표 8 Ⅰ. 일반기준 제12호거목에 해당하는 경우에는 그에 따라 감경하여 처분할 수 있다.

제26조(다른 법령의 개정) ① 생물학적제제등의제조·판매관리규칙 일부를 다음과 같이 개정한다.

제명 "생물학적제제등의제조·판매관리규칙"을 "생물학적 제제 등의 제조·판매관리 규칙"으로 한다.

제1조 중 "약사법 제30조제1항·제31조제1항 및 제38조"를 "「약사법」 제37조제1항·제38조제1항 및 제47조제1항"으로 하고, "동법시행규칙 제39조·제40조·제46조 및 제57조"를 "「의약품 등의 안전에 관한 규칙」 제43조·제48조·제60조 및 제62조"로 한다.

제2조제1호, 제3조제1항제7호 및 제5조제1항 중 "법 제44조제1항"을 각각 "법 제52조제1항"으로 한다.

제2조제1호, 제3조제1항제7호, 같은 조 제4항, 제4조제3항 및 제5조제1항 중 "보건복지부장관"을 각각 "식품의약품안전처장"으로 한다.

제3조제1항 각 호 외의 부분 중 "법 제30조제1항"을 "제37조제1항"으로 한다.

제4조제1항 및 같은 조 제2항 각 호 외의 부분 중 "법 제31조제1항"을 각각 "법 제38조제1항"으로 한다.

② 약국 및 의약품 등의 제조업·수입자 및 판매업의 시설기준령 시행규칙 일부를 다음과 같이 개정한다.

제명 "약국 및 의약품 등의 제조업·수입자와 판매업의 시설기준령 시행규칙"을 "의약품 등의 제조업 및 수입자의 시설기준령 시행규칙"으로 한다.

제1조 및 제2조제1항 각 호 외의 부분 중 "「약국 및 의약품 등의 제조업·수입자 및 판매업의 시설기준령」"을 각각 "「의약품 등의 제조업 및 수입자의 시설기준령」"으로 한다.

제2조제3항 각 호 외의 부분 단서, 같은 조 제4항 단서, 제6조제5호가목 및 제11조제1항제2호라목 중 "식품의약품안전청장"을 각각 "식품의약품안전처장"으로 한다.

제10조, 제11조제4항 및 제12조를 각각 삭제한다.

제27조(다른 법령과의 관계) 이 규칙 시행 당시 다른 법령에서 종전의 「약사법 시행규칙」의 규정을 인용한 경우에 이 규칙 가운데 그에 해당하는 규정이 있으면 종전의 규정을 갈음하여 이 규칙의 해당 규정을 인용한 것으로 본다.

부칙 〈제1081호, 2014. 5. 9.〉 (의료기기법 시행규칙)

제1조(시행일) 이 규칙은 공포한 날부터 시행한다. 다만, 다음 각 호의 사항은 그 구분에 따른 날부터 시행한다.

1. ···〈생략〉··· 부칙 제21조 및 부칙 제22조: 공포 후 6개월이 경과한 날

2. 및 3. 생략

제2조 부터 제20조까지 생략

제21조(다른 법령의 개정) 의약품 등의 안전에 관한 규칙 일부를 다음과 같이 개정한다.

제4조제1항제6호가목 중 "(체외진단용 의약품, 소독제 등)"을 "(소독제 등)"으로 한다.

제11조제1항제8호 단서 중 "체외진단용 의약품 등 인체에"를 "인체에"로 한다.

제22조제3항제1호 중 "체외진단용 의약품과 살충제 등"을 "살충제 등"으로 한다.

제24조제3항제4호 중 "체외진단용 의약품 또는 의약외품"을 "의약외품"으로 한다.

제46조제1항 단서 중 “의료용 고압가스 또는 체외진단용 의약품”을 “의료용 고압가스”로 한다.

제48조제5호 각 목 외의 부분 단서 및 같은 조 제9호 중 “(체외진단용 의약품, 소독제 등)”을 각각 “(소독제 등)”으로 한다.

제58조제2항 단서 중 “원료의약품, 의료용 고압가스 또는 체외진단용 의약품”을 “원료의약품 또는 의료용 고압가스”로 한다.

별지 제4호서식 뒤쪽 신청인 제출서류란의 제1호사목1)가)부터 사)까지의 규정 외의 부분 전단 중 “(체외진단용 의약품, 소독제 등)”을 “(소독제 등)”으로 한다.

제22조(다른 법령과의 관계) 이 규칙 시행 당시 다른 법령에서 체외진단분석기용 시약 또는 「의약품 등의 안전에 관한 규칙」에 따른 체외진단용 의약품을 인용하고 있는 경우에는 이를 대신하여 이 규칙에 따른 체외진단용 의료기기를 인용한 것으로 본다.

부칙 〈제1088호, 2014. 8. 20.〉 (식품ㆍ의약품분야 시험ㆍ검사 등에 관한 법률 시행규칙)

제1조(시행일) 이 규칙은 공포한 날부터 시행한다.

제2조 부터 제9조까지 생략

제10조(다른 법령의 개정) ①부터 ④까지 생략

⑤ 의약품 등의 안전에 관한 규칙 일부를 다음과 같이 개정한다.

제87조제1호 본문 중 “비임상시험실시기관, 법 제73조제1항에 따른 품질검사기관(이하 "품질검사기관"이라 한다)”을 “비임상시험실시기관”으로 한다.

제91조부터 제94조까지를 각각 삭제한다.

제96조제1항 중 “생물학적 동등성시험실시기관, 비임상시험실시기관 또는 품질검사기관”을 “생물학적 동등성시험실시기관 또는 비임상시험실시기관”으로 한다.

제97조제1항 및 제2항 중 “생물학적 동등성시험실시기관, 비임상시험실시기관 또는 품질검사기관”을 각각 “생물학적 동등성시험실시

기관 또는 비임상시험실시기관”으로 한다.

제103조제3항 전단 중 “비임상시험실시기관, 품질검사기관”을 “비임상시험실시기관”으로 하고, 같은 항 후단 중 “제37조제6항 및 제91조제6항”을 “제37조제6항”으로 한다.

별표 8 Ⅱ. 개별기준 제46호를 삭제한다.

별표 8 Ⅱ. 개별기준 제49호 각 목 외의 부분 중 “비임상시험실시기관, 품질검사기관”을 “비임상시험실시기관”으로 하고, 같은 호 나목 중 “생물학적 동등성시험성적서, 비임상시험성적서 또는 품질검사성적서”를 “생물학적 동등성시험성적서 또는 비임상시험성적서”로 하며, 같은 호 다목 중 “법 제34조의2제2항ㆍ제4항, 제34조의3제2항ㆍ제4항 또는 제73조제2항ㆍ제4항”을 “법 제34조의2제2항ㆍ제4항 또는 제34조의3제2항ㆍ제4항”으로 하고, 같은 목 2)를 삭제한다.

별지 제69호서식부터 별지 제71호서식까지를 각각 삭제한다.

⑥부터 ⑧까지 생략

부칙 〈제1089호, 2014. 8. 21.〉

제1조(시행일) 이 규칙은 2015년 7월 1일부터 시행한다. 다만, 제8조제3항제8호, 제12조의2, 제14조제1항, 제15조제2항, 제17조제4항, 제42조제1항, 제48조제6호ㆍ제9호의2, 제50조제2항제3호, 제56조, 제57조, 제62조제5호, 제69조제8항, 제104조, 별표 4, 별표 8 Ⅱ. 개별기준 제25호가목ㆍ라목, 별지 제55호서식, 별지 제57호서식 및 별지 제73호서식의 개정규정은 공포한 날부터 시행한다.

제2조(임상시험 실시 기준에 관한 적용례) 제30조제1항제9호의 개정규정은 이 규칙 시행 후 제조되는 임상시험용의약품부터 적용한다. 다만, 방사성의약품 또는 의료용 고압가스를 임상시험용의약품으로 사용하는 경우에는 이 규칙 시행일부터 2년이 경과한 날 이후에 제조되는 임상시험용의약품부터 적용한다.

제3조(안전성ㆍ유효성 검토결과의 통지에 관한 적용례) 제12조의2의

개정규정은 부칙 제1조 단서에 따른 시행일 전에 신약 등의 제조판매·수입 품목허가를 신청한 경우에 대해서도 적용한다.

제4조(희귀의약품의 기준 및 시험방법에 관한 자료 제출에 관한 경과조치) 이 규칙 시행 전에 종전의 규정에 따라 희귀의약품의 제조판매·수입 품목허가를 신청한 자에 대해서는 제4조제1항제2호의 개정규정에도 불구하고 종전의 규정에 따른다.

제5조(제조 및 품질관리 실시상황평가에 필요한 자료 제출에 관한 경과조치) 이 규칙 시행 전에 종전의 규정에 따라 의약품등의 제조판매·수입 품목허가를 신청하거나 이 규칙 시행 당시 의약품등의 제조판매·수입 품목신고의 절차가 진행 중인 경우에 대해서는 제4조제1항제6호, 제5조제2항제5호 및 같은 조 제3항 단서의 개정규정에도 불구하고 종전의 규정에 따른다.

제6조(위해성 관리 계획 제출에 관한 경과조치) 이 규칙 시행 전에 종전의 규정에 따라 의약품의 제조판매·수입 품목허가를 신청한 자에 대해서는 제4조제1항제11호의 개정규정에도 불구하고 종전의 규정에 따른다. 다만, 이 규칙 시행 전에 종전의 규정에 따라 의약품의 제조판매·수입 품목허가를 받은 자 또는 의약품의 제조판매·수입 품목허가를 신청한 자의 요청이 있는 경우 의약품의 제조판매·수입 품목허가를 받은 자 또는 의약품의 제조판매·수입 품목허가를 신청한 자에게도 위해성 관리 계획을 제출하게 할 수 있다.

제7조(원료의약품의 등록에 관한 경과조치) 이 규칙 시행 전에 종전의 규정에 따라 원료의약품의 등록을 신청한 자에 대해서는 제15조제1항제4호의 개정규정에도 불구하고 종전의 규정에 따른다.

제8조(임상시험계획의 승인에 관한 경과조치) ① 이 규칙 시행 전에 임상시험계획의 승인을 신청한 자에 대해서는 제24조제1항제2호의 개정규정에도 불구하고 종전의 규정에 따른다.

② 이 규칙 시행 전에 종전의 규정에 따라 임상시험계획의 승인을 받은 자 또는 제1항에 해당하는 자는 이 규칙 시행일까지 제30조제1항제9호의 개정규정에 적합하도록 하여야 한다. 다만, 방사성

의약품 또는 의료용 고압가스를 임상시험용의약품으로 사용하는 경우에는 이 규칙 시행일부터 2년이 경과한 날까지 적합하도록 하여야 한다.

제9조(임상시험 실시 기준에 관한 경과조치) 이 규칙 시행 전에 임상시험계획의 승인을 받은 자 또는 부칙 제8조제1항에 해낭하는 자는 제30조제1항제9호의 개정규정에도 불구하고 이 규칙 시행 전에 종전의 규정에 맞게 제조한 임상시험용의약품을 임상시험에 사용할 수 있다.

제10조(제조업자의 준수사항에 관한 경과조치) ① 이 규칙 시행 전 또는 부칙 제1조 단서에 따른 시행일 전에 종전의 규정에 따라 실시상황 평가를 신청한 완제의약품 제조업자, 원료의약품 제조업자, 생물학적제제등 제조업자 또는 의약외품(내용고형제 및 내용액제를 제조하는 경우로 한정한다) 제조업자의 적합 판정 평가에 대해서는 제48조제5호가목ㆍ나목ㆍ다목, 같은 조 제6호, 별표 1, 별표 1의2 및 별표 3의 개정규정에도 불구하고 종전의 규정에 따른다.

② 이 규칙 시행 전 또는 부칙 제1조 단서에 따른 시행일 전에 종전의 규정에 따라 제조 및 품질관리기준에 적합하다는 판정을 받은 완제의약품 제조업자, 원료의약품 제조업자, 생물학적제제등 제조업자 또는 의약외품(내용고형제 및 내용액제를 제조하는 경우로 한정한다) 제조업자(이하 이 항에서 "종전의 적합 판정업자"로 한다)는 제48조제5호가목ㆍ나목ㆍ다목, 같은 조 제6호, 별표 1, 별표 1의2 및 별표 3의 개정규정에 따른 기준에 적합하다는 판정을 받은 자로 본다. 다만, 종전의 적합 판정업자의 경우에도 제48조제9호 및 같은 조 제9호의2의 개정규정에 따른 기준을 준수하여야 한다.

③ 이 규칙 시행 전 또는 부칙 제1조 단서에 따른 시행일 전에 종전의 규정에 따라 제조 및 품질관리기준에 적합하다는 판정을 받은 완제의약품 제조업자, 원료의약품 제조업자, 생물학적제제등 제조업자 또는 의약외품(내용고형제 및 내용액제를 제조하는 경우로 한정한다) 제조업자는 제48조제5호가목ㆍ나목ㆍ다목, 같은 조 제6

호, 별표 1, 별표 1의2 및 별표 3의 개정규정에도 불구하고 이 규칙 시행 전에 제조한 완제의약품, 원료의약품, 생물학적제제등 또는 의약외품(내용고형제 및 내용액제를 제조한 경우로 한정한다)을 판매할 수 있다.

④ 이 규칙 시행 전에 종전의 규정에 따라 방사성의약품 또는 의료용 고압가스의 제조판매·수입 품목허가를 받거나 제조판매·수입 품목신고를 한 제조업자의 경우에는 이 규칙 시행일부터 2년이 경과한 날까지 제48조제5호라목·마목, 별표 1, 별표 1의2, 별표 3의2 및 별표 3의3의 개정규정에도 불구하고 종전의 규정에 따라 방사성의약품 또는 의료용 고압가스를 제조하여 판매할 수 있다. 다만, 방사성의약품 또는 의료용 고압가스 제조업자는 이 규칙 시행일부터 2년이 경과한 날까지 방사성의약품 제조업자의 경우에는 별표 1, 별표 1의2 및 별표 3의2의 개정규정에 따른 기준에, 의료용 고압가스 제조업자의 경우에는 별표 1, 별표 1의2 및 별표 3의3의 개정규정에 따른 기준에 적합하도록 하여야 한다.

⑤ 부칙 제1조 단서에 따른 시행일 전에 종전의 규정에 따라 식품의약품안전처장이 고시한 표준제조기준에 맞는 외피용 연고제 또는 카타플라스마제의 제조판매·수입 품목허가를 받거나 제조판매·수입 품목신고를 한 의약외품 제조업자의 경우에 대해서는 부칙 제1조 단서에 따른 시행일부터 6개월이 경과한 날까지 제48조제6호의 개정규정에도 불구하고 종전의 규정에 따라 외피용 연고제 또는 카타플라스마제를 제조하여 판매할 수 있다. 다만, 식품의약품안전처장이 고시한 표준제조기준에 맞는 외피용 연고제 또는 카타플라스마제를 제조하는 의약외품 제조업자는 부칙 제1조 단서에 따른 시행일부터 6개월이 경과한 날까지 제48조제6호의 개정규정에 따른 기준에 적합하도록 하여야 한다.

제11조(생물학적 동등성시험의 실시 기준 등에 관한 경과조치) 이 규칙 시행 전에 종전의 별표 1의 기준에 맞게 제조된 의약품은 별표 1의 개정규정에도 불구하고 생물학적 동등성시험에 사용할 수

있다.

제12조(서식에 관한 경과조치) ① 이 규칙 시행 전에 종전의 규정에 따라 발급받은 원료의약품 등록증은 별지 제17호서식의 개정규정에도 불구하고 제96조에 따라 등록증을 재발급받기 이전까지 사용할 수 있다.

② 부칙 제1조 단서에 따른 시행일 당시 종전의 규정에 따라 의료기관 조제실제제 제조품목의 신고의 절차가 진행 중인 경우에 대해서는 별지 제55호서식의 개정규정에도 불구하고 종전의 규정에 따른다.

③ 부칙 제1조 단서에 따른 시행일 전에 종전의 규정에 따라 발급받은 의료기관 조제실제제 제조품목 신고증은 별지 제57호서식의 개정규정에도 불구하고 제96조에 따라 신고증을 재발급받기 이전까지 사용할 수 있다.

④ 부칙 제1조 단서에 따른 시행일 전에 종전의 규정에 따라 발급한 약사감시원증은 별지 제73호서식의 개정규정에 따라 발급한 약사감시원증으로 본다.

부칙 〈제1098호, 2014. 10. 10.〉

제1조(시행일) 이 규칙은 공포한 날부터 시행한다. 다만, 제84조의2의 개정규정은 2014년 12월 19일부터 시행한다.

제2조(제조판매ㆍ수입 품목의 허가신청에 관한 적용례) 제4조제2항제2호 및 제3호의 개정규정은 이 규칙 시행 후 의약품의 제조판매ㆍ수입 품목허가를 신청하는 경우부터 적용한다.

제3조(안전관리책임자 교육에 관한 특례) 제47조의3제4항의 개정규정에 따라 안전관리책임자 교육기관으로 지정받은 단체 또는 기관이 지정받은 연도에 교육을 실시하려는 경우에는 제47조의2제3항의 개정규정에도 불구하고 안전관리책임자 교육기관으로 지정받은 날부터 15일 이내에 해당 연도의 교육계획을 수립하여 식품의약품안전처장에게 제출하고 승인을 받아야 한다.

제4조(제조 및 품질관리기준 적합판정서 발급에 관한 경과조치) ① 이 규칙 시행 전에 제48조제5호 또는 제6호에 따라 적합하다는 판정을 받은 자(이하 이 조에서 “종전의 적합판정을 받은 자”라 한다)에 대해서는 제48조의2의 개정규정에 따라 적합판정서를 받은 자로 본다.

② 제1항에도 불구하고 식품의약품안전처장 또는 지방청장은 종전의 적합판정을 받은 자에 대하여 2017년 12월 31일까지 제48조제5호 또는 제6호에 적합한지를 다시 판정하고 그 기준에 적합한 때에는 제48조의2의 개정규정에 따른 적합판정서를 발급하여야 한다.

③ 이 규칙 시행 전에 종전의 규정에 따라 방사성의약품 또는 의료용 고압가스의 제조판매 · 수입 품목허가를 받거나 제조판매 · 수입 품목신고를 한 제조업자(이하 이 조에서 “종전의 품목허가를 받은 자”라 한다)에 대해서는 2017년 7월 2일부터 2017년 12월 31일까지 제48조의2의 개정규정에 따라 적합판정서를 발급받은 자로 본다.

④ 식품의약품안전처장 또는 지방청장은 종전의 품목허가를 받은 자에 대하여 2017년 12월 31일까지 제48조제5호 또는 제6호에 적합한지를 판정하여 제48조의2의 개정규정에 따른 적합판정서를 발급하여야 한다.

제5조(시행일에 관한 경과조치) 이 규칙 시행일부터 2015년 6월 30일까지 제48조의2제1항의 개정규정 중 “별표 1, 별표 1의2, 별표 3, 별표 3의2 또는 별표 3의3의 기준”을 “별표 1 또는 별표 3의 기준”으로 본다.

제6조(생물학적제제등의 품질관리에 관한 경과조치) 이 규칙 시행 전에 종전의 규정에 따라 원료약품이 입고된 경우에는 별표 3의 개정규정에도 불구하고 종전의 규정에 따른다.

제7조(행정처분 기준에 관한 경과조치) 이 규칙 시행 전의 위반행위에 대하여 행정처분 기준을 적용할 때에는 별표 8의 개정규정에도 불구하고 종전의 규정에 따른다.

제8조(안전관리책임자 신고에 관한 경과조치) 이 규칙 시행 전에 종

전의 규정에 따라 안전관리책임자를 신고한 경우에 대해서는 별지 제49호서식의 개정규정에도 불구하고 종전의 규정에 따른다.

부칙 〈제1149호, 2015. 3. 13.〉

이 규칙은 2015년 3월 15일부터 시행한다.

부칙 〈제1194호, 2015. 9. 25.〉

제1조(시행일) 이 규칙은 2015년 9월 29일부터 시행한다.

제2조(임상시험등 교육에 관한 적용례) 제38조의2제3항의 개정규정은 2016년도 분의 임상시험등 교육부터 적용한다. 다만, 제38조의2제3항 후단의 개정규정(임상시험등 해당 분야의 업무 경력이 없는 자 중 의사, 치과의사, 한의사, 약사 또는 간호사에 관한 부분만 해당한다)은 2017년도 분의 임상시험등 교육부터 적용한다.

제3조(행정처분 기준에 관한 경과조치) 이 규칙 시행 전의 위반행위에 대하여 행정처분 기준을 적용할 때에는 별표 8의 개정규정에도 불구하고 종전의 규정에 따른다.

부칙 〈제1297호, 2016. 6. 30.〉 (경제활성화를 위한 현장규제정비 관련 건강기능식품에 관한 법률 시행규칙 등 일부개정령)

제1조(시행일) 이 규칙은 공포한 날부터 시행한다.

제2조 생략

제3조(「의약품 등의 안전에 관한 규칙」의 개정에 관한 적용례) 제70조제3항의 개정규정은 이 규칙 시행 전에 제조되거나 수입된 의약품에 대해서도 적용한다.

제4조 및 제5조 생략

부칙 〈제1298호, 2016. 6. 30.〉

제1조(시행일) 이 규칙은 공포한 날부터 시행한다. 다만, 제62조의12의 개정규정은 2016년 12월 30일부터 시행한다.

제2조(제조판매 품목허가 신청에 관한 적용례) 제4조제2항제3호 및

별표 1 제15.1호나목 단서의 개정규정은 이 규칙 시행 전에 제조판매 품목허가를 신청한 경우에 대해서도 적용한다.
제3조(행정처분의 기준에 관한 경과조치) 이 규칙 시행 전의 위반행위에 대한 행정처분의 기준에 관하여는 별표 8 Ⅱ. 개별기준 제26호나목의 개정규정에도 불구하고 종전의 규정에 따른다.

부칙 〈제1330호, 2016. 10. 28.〉
제1조(시행일) 이 규칙은 공포한 날부터 시행한다. 다만, 제4조제1항제3호의 개정규정 중 산제·과립제에 관한 부분은 공포 후 2년이 경과한 날부터 시행하고, 같은 개정규정 중 점안제·점이제·폐에 적용하는 흡입제 또는 외용제제는 공포 후 3년이 경과한 날부터 시행하며, 제15조, 제31조, 제69조제6항, 제70조제2항 및 별표 4의2의 개정규정은 공포 후 6개월이 경과한 날부터 시행한다.
제2조(임상시험용의약품의 용기, 포장 및 첨부문서의 기재사항에 관한 경과조치) 제69조제6항 또는 제70조제2항의 개정규정 시행 당시 종전의 규정에 따른 기재사항이 기재된 임상시험용의약품의 용기, 포장 및 첨부문서는 같은 개정규정에도 불구하고 같은 개정규정 시행 이후 2년이 되는 날까지 사용할 수 있다.
제3조 (의약외품 용기 등에의 기재사항에 관한 경과조치) 제74조제1항 단서 및 같은 조 제2항제8호부터 제10호까지의 개정규정 시행 당시 종전의 규정에 따른 기재사항이 기재된 의약외품 용기, 포장 및 첨부문서는 같은 개정규정에도 불구하고 같은 개정규정 시행 이후 1년이 되는 날까지 사용할 수 있다.

부칙 〈제1353호, 2017. 1. 4.〉
제1조(시행일) 이 규칙은 공포한 날부터 시행한다. 다만, 제4조제1항제6호다목 및 사목, 제24조제1항제3호의2, 제30조제1항제9호, 제48조제5호다목 및 사목, 같은 조 제9호다목 및 사목, 제48조의2제1항, 제60조제1항제6호, 별표 3의4, 별지 제4호서식 및 별지 제23

호서식의 개정규정은 2019년 1월 1일부터 시행한다.

제2조(혈액제제의 제조판매·수입 품목 허가에 관한 경과조치) 부칙 제1조 단서에 따른 시행일 당시 종전의 제4조제1항제6호에 따라 혈액제제의 제조판매·수입에 대하여 허가를 받은 자는 제4조제1항제6호의 개정규정에도 불구하고 혈액제제의 제조판매·수입에 대하여 허가를 받은 것으로 본다.

제3조(혈액제제 제조업자의 준수사항에 관한 경과조치) ① 부칙 제1조 단서에 따른 시행일 당시 종전의 제48조제5호다목에 따라 제조 및 품질관리기준에 적합하다는 판정을 받은 혈액제제 제조업자는 제48조제5호사목의 개정규정에 따른 제조 및 품질관리기준에 적합하다는 판정을 받은 자로 본다.

② 부칙 제1조 단서에 따른 시행일 당시 종전의 제48조제9호다목의 기준에 따라 제조된 혈액제제는 제48조제9호사목의 개정규정에 따른 기준을 준수한 것으로 본다.

부칙 〈제1429호, 2017. 12. 13.〉

이 규칙은 공포한 날부터 시행한다. 다만, 제48조제5호의2의 개정규정은 공포 후 1년이 경과한 날부터 시행하며, 제49조의 개정규정은 2019년 1월 1일부터 시행한다.

부칙 〈제1443호, 2018. 3. 30.〉

제1조(시행일) 이 규칙은 공포한 날부터 시행한다.

제2조(자료제공 요청에 관한 적용례) 제13조의 개정규정은 이 규칙 시행 이후 「동물용 의약품등 취급규칙」에 따라 동물용 의약품등에 대한 제조업허가, 품목허가 또는 품목신고를 신청하는 경우부터 적용한다.

부칙 〈제1455호, 2018. 4. 25.〉

이 규칙은 2018년 4월 25일부터 시행한다.

부칙 〈제1492호, 2018. 10. 25.〉

제1조(시행일) 이 규칙은 2018년 10월 25일부터 시행한다. 다만, 다음 각 호의 구분에 따른 개정규정은 각각 해당 호에서 정하는 날부터 시행한다.

1. 제24조제5항제5호, 제27조제6호, 별표 3 제1호바목, 별표 6 제2호나목, 별표 8 Ⅰ의 제12호하목 및 같은 표 Ⅱ의 제14호·제36호의 개정규정: 공포한 날

2. 제30조제1항제10호 및 같은 조 제3항, 별지 제32호서식 및 별지 제33호서식의 개정규정: 공포 후 1년이 경과한 날

3. 총리령 제1429호 의약품 등의 안전에 관한 규칙 일부개정령 제49조제1항의 개정규정: 2019년 1월 1일

제2조(임상시험검체분석기관의 지정 신청 등에 관한 준비행위 등) ① 식품의약품안전처장은 이 규칙 시행을 위하여 필요하다고 인정하는 경우에는 부칙 제1조 각 호 외의 부분 본문에 따른 시행일 전에 제35조의 개정규정에 따라 임상시험검체분석기관에 대하여 법 제35조에 따른 임상시험검체분석기관의 지정 절차를 진행할 수 있다.

② 제1항에 따른 지정의 절차가 부칙 제1조 각 호 외의 부분 본문에 따른 시행일 전에 완료된 경우에는 부칙 제1조 각 호 외의 부분 본문에 따른 시행일을 지정일로 본다.

제3조(임상시험의 실시 기준 등에 관한 적용례) 제30조제1항제10호의 개정규정은 이 규칙 시행 이후 임상시험을 실시하는 경우부터 적용한다.

제4조(행정처분의 기준에 관한 경과조치) 이 규칙 시행 전의 위반행위에 대하여 행정처분 기준을 적용할 때에는 별표 8의 개정규정에도 불구하고 종전의 규정을 따른다.

부칙 〈제1521호, 2019. 2. 11.〉

제1조(시행일) 이 규칙은 공포한 날부터 시행한다.

제2조(제조관리자에 관한 적용례) 제42조제1항 및 제2항의 개정규

정은 이 규칙 시행 전에 의약외품 제조업 신고(변경신고)서, 제조관리자·수입관리자 승인신청서 및 제조관리자·수입관리자 신고(변경신고)서를 제출한 경우에 대해서도 적용한다.

부칙 〈제1544호, 2019. 6. 12.〉

제1조(시행일) 이 규칙은 2019년 6월 12일부터 시행한다.

제2조(임상시험 교육실시기관의 변경 지정에 관한 경과조치) 이 규칙 시행 당시 종전의 규정에 따라 임상시험 교육실시기관의 변경 지정을 신청한 경우에는 제38조의3제5항의 개정규정에도 불구하고 종전의 규정에 따른다.

부칙 〈제1576호, 2019. 12. 6.〉

제1조(시행일) 이 규칙은 2019년 12월 12일부터 시행한다. 다만, 제54조 각 호 외의 부분, 제55조제1항·제2항, 제56조 각 호 외의 부분, 별표 4, 별표 4의3 제7호가목·나목 및 별표 8 Ⅱ. 개별기준(제6호, 제7호, 제32호의3, 제32호의4 및 제36호의2의 개정규정은 제외한다)의 개정규정은 공포한 날부터 시행한다.

제2조(안전성정보의 신속보고 등에 관한 적용례) 별표 4의3 제7호가목의 개정규정은 이 규칙 시행 후 행해진 외국 정부(외국의 법령에 따라 의약품을 제조·수입하거나 제조·수입하여 판매할 수 있는 권한을 가진 자를 포함한다)의 조치(사망사례에 대한 조치를 포함한다)부터 적용한다.

부칙 〈제1641호, 2020. 9. 7.〉 (첨단바이오의약품 안전 및 지원에 관한 규칙)

제1조(시행일) 이 규칙은 공포한 날부터 시행한다.

제2조(다른 법령의 개정) ① 의약품 등의 안전에 관한 규칙 일부를 다음과 같이 개정한다.

제42조제3항 중 “생물학적 제제, 세포 치료제, 유전자 치료제”를

"생물학적 제제"로 한다.

제58조제1항 후단 중 "생물학적 제제, 세포 치료제, 유전자 치료제"를 "생물학적 제제"로 한다.

별표 3 제1호마목 및 바목을 각각 다음과 같이 한다.

마. "세포치료제"란 「첨단재생의료 및 첨단바이오의약품 안전 및 지원에 관한 법률」 제2조제5호가목에 따른 세포치료제를 말한다.

바. "유전자치료제"란 「첨단재생의료 및 첨단바이오의약품 안전 및 지원에 관한 법률」 제2조제5호나목에 따른 유전자치료제를 말한다.

별지 제43호서식 중 "생물학적 제제ㆍ세포 치료제ㆍ유전자 치료제ㆍ의약외품"을 "(생물학적 제제, 의약외품)"으로 한다.

별지 제44호서식 중 "(생물학적 제제, 세포 치료제, 유전자 치료제, 의약외품)"을 "(생물학적 제제, 의약외품)"으로 한다.

② 생략

제3조 생략

부칙 〈제1650호, 2020. 10. 14.〉

제1조(시행일) 이 규칙은 공포한 날부터 시행한다. 다만, 다음 각 호의 개정규정은 해당 각 호의 구분에 따른 날부터 시행한다.

1. 제4조제1항제2호의 개정규정: 공포 후 1년이 경과한 날
2. 제4조제1항제3호다목의 개정규정: 다음 각 목의 구분에 따른 날
   가. 경구용제제인 전문의약품: 공포 후 1년 6개월이 경과한 날
   나. 무균제제인 전문의약품: 공포 후 2년이 경과한 날
   다. 가목 및 나목 외의 전문의약품: 공포 후 3년이 경과한 날
3. 제4조제1항제5호의 개정규정: 공포 후 3년이 경과한 날
4. 제4조제2항의 개정규정: 공포 후 1년 6개월이 경과한 날
5. 제24조제4항 및 제5항의 개정규정: 공포 후 6개월이 경과한 날
6. 제49조제1항 단서의 개정규정: 2021년 1월 1일
7. 별지 제4호서식 뒤쪽의 신청인 제출서류란의 제1호다목3)의

개정규정: 다음 각 목의 구분에 따른 날

가. 경구용제제인 전문의약품: 공포 후 1년 6개월이 경과한 날

나. 무균제제인 전문의약품: 공포 후 2년이 경과한 날

다. 가목 및 나목 외의 전문의약품: 공포 후 3년이 경과한 날

제2조(의약품등의 제조판매·수입 품목허가 신청 등에 관한 경과조치) ① 부칙 제1조제1호부터 제4호까지의 규정에 따른 시행일 전에 의약품등의 제조판매·수입 품목허가 또는 그 변경허가를 신청한 경우 해당 제출 자료 및 제출 자료의 면제에 관하여는 제4조제1항제2호·제3호·제5호 및 같은 조 제2항의 개정규정에도 불구하고 종전의 규정에 따른다.

② 이 규칙 시행 전에 의약품등의 제조판매·수입 품목허가 또는 그 변경허가를 신청하거나 제조판매·수입 품목신고 또는 그 변경신고를 한 경우 해당 처리기간에 관하여는 별지 제4호서식, 별지 제6호서식, 별지 제8호서식 및 별지 제41호서식의 개정규정에도 불구하고 종전의 규정에 따른다.

제3조(임상시험계획의 변경승인 및 변경보고에 관한 경과조치) 부칙 제1조제5호에 따른 시행일 전에 종전의 제24조제4항에 따라 임상시험계획의 변경승인을 신청한 경우에는 같은 조 제5항의 개정규정에 따라 임상시험계획의 변경보고를 한 것으로 본다.

제4조(의약품등의 생산실적 및 수입실적의 보고에 관한 경과조치) 부칙 제1조제6호에 따른 시행일 전에 생산되거나 수입된 마약 또는 향정신성의약품의 생산실적 및 수입실적의 보고에 관하여는 제49조제1항 단서의 개정규정에도 불구하고 종전의 규정에 따른다.

부칙 〈제1683호, 2021. 3. 8.〉

제1조(시행일) 이 규칙은 공포한 날부터 시행한다. 다만, 제4조제1항제6호가목·마목, 제48조제5호(적합판정서의 유효기간 이내의 제조·판매에 관한 사항은 제외한다) 및 같은 조 제9호가목·마목의 개정규정은 공포 후 1년이 경과한 날부터 시행한다.

제2조(의약품의 품목허가 신청 등에 관한 적용례) 제4조제1항제6호 가목·마목의 개정규정은 부칙 제1조 단서에 따른 시행일 이후 의약품의 품목허가·변경허가를 신청하거나 품목신고·변경신고를 하는 경우부터 적용한다.
제3조(등재료에 관한 적용례) 제102조의2제4항의 개정규정은 이 규칙 시행 당시 납부기간이 남아 있는 등재료에 대해서도 적용한다.
제4조(안전성정보의 신속보고 기간에 관한 경과조치) 별표 4의3 제7호가목의 개정규정은 이 규칙 시행 이후 발생하는 안전성정보부터 적용한다.
제5조(의약품 제조 및 품질관리기준의 준수 등에 관한 경과조치) 이 규칙 시행 전에 의약품(인체에 직접 적용하지 않는 소독제 등의 의약품만 해당한다)의 품목허가를 받거나 품목신고를 한 자는 부칙 제1조 단서에 따른 시행일 이후부터 1년이 경과하는 날까지는 제48조제5호(적합판정서의 유효기간 이내의 제조·판매에 관한 사항은 제외한다) 및 같은 조 제9호가목·마목의 개정규정에도 불구하고 종전의 규정에 따라 해당 의약품을 제조·수입 또는 판매할 수 있다.

부칙 〈제1731호, 2021. 9. 10.〉 (어려운 법령용어 정비를 위한 건강기능식품에 관한 법률 시행규칙 등 11개 법령의 일부개정에 관한 총리령)
이 규칙은 공포한 날부터 시행한다.

부칙 〈제1782호, 2022. 1. 20.〉
이 규칙은 공포한 날부터 시행한다. 다만, 다음 각 호의 개정규정은 해당 각 호의 구분에 따른 날부터 시행한다.
1. 제24조제6항, 제40조의2, 제41조제1항·제2항, 제102조의8, 별지 제40호의4서식 및 별지 제40호의5서식의 개정규정: 2022년 1월 21일
2. 별표 6 I 제7호마목2), 같은 목 6) 후단 및 별표 8 II 제35

호마목2)의 개정규정: 공포 후 6개월이 경과한 날
3. 별표 6 Ⅲ 제2호가목1)·3)의 개정규정: 2023년 1월 1일

부칙 〈제1783호, 2022. 1. 21.〉 (국민 편의를 높이는 서식 정비를 위한 3개 법령의 일부개성에 관한 총리령)
이 규칙은 공포한 날부터 시행한다.

부칙 〈제1820호, 2022. 7. 21.〉
이 규칙은 2022년 7월 21일부터 시행한다.

부칙 〈제1835호, 2022. 12. 7.〉
제1조(시행일) 이 규칙은 공포한 날부터 시행한다. 다만, 다음 각 호의 개정규정은 해당 호에서 정한 날부터 시행한다.
1. 제4조, 제24조제2항·제8항, 제28조제7항(이상반응에 관한 개정부분으로 한정한다), 제30조제1항제10호, 제48조, 별표 4 제2호타목, 같은 표 제2호하목, 같은 호 머목, 같은 표 제7호다목·사목·카목, 같은 표 제8호·제10호, 별표 8 Ⅱ. 개별기준의 제15호바목·사목, 같은 Ⅱ. 개별기준의 제25호 및 별지 제32호서식의 개정규정: 공포 후 6개월이 경과한 날
2. 제74조제3항의 개정규정: 공포 후 2년이 경과한 날
3. 별표 1 제6호의 개정규정: 공포 후 1년이 경과한 날
4. 별표 4의3 제6호·제7호, 별지 제77호의2서식 및 별지 제77호의3서식의 개정규정: 공포 후 3개월이 경과한 날
제2조(제조판매·수입 품목의 허가신청에 관한 적용례) 제4조제1항제11호, 제48조제19호의2 및 별표 8 Ⅱ. 개별기준의 제25호의 개정규정은 이 규칙 시행 이후 의약품의 제조판매·수입 품목허가를 신청하는 경우부터 적용한다.
제3조(임상시험용의약품의 치료목적 사용승인 등에 관한 적용례) 제28조의 개정규정(이상반응에 관한 개정부분은 제외한다)은 이 규칙

시행 이후 치료목적 사용승인 또는 변경승인을 신청하는 경우부터 적용한다.
제4조(임상시험용의약품에 대한 정기적인 최신 안전성정보 보고에 관한 적용례 등) ① 제30조제1항제10호, 별표 8 Ⅱ. 개별기준의 제15호바목·사목 및 별지 제32호서식의 개정규정은 다음 각 호의 구분에 따른 날 이후 임상시험계획의 승인을 받는 경우부터 적용한다.
1. 법 제2조제8호에 따른 신약을 개발하기 위해 실시하는 임상시험: 공포 후 6개월이 경과한 날
2. 제22조제1항제1호나목·다목 및 같은 항 제2호가목에 해당하는 의약품을 개발하기 위해 실시하는 임상시험: 2025년 1월 1일
3. 제22조제1항제2호나목에 해당하는 의약품을 개발하기 위해 실시하는 임상시험: 2027년 1월 1일
② 제1항 각 호의 구분에 따른 날 전에 임상시험계획의 승인을 받은 임상시험에 대해서는 제30조제1항제10호, 별표 8 Ⅱ. 개별기준의 제15호바목·사목 및 별지 제32호서식의 개정규정에도 불구하고 종전의 규정에 따른다.
제5조(의약외품 용기 등에의 기재사항에 관한 경과조치) 부칙 제1조제2호에 따른 시행일 전에 종전의 제74조제3항에 따른 기재사항이 기재된 의약외품 용기나 포장은 제74조제3항의 개정규정에도 불구하고 부칙 제1조제2호에 따른 시행일 이후 1년이 되는 날까지 사용할 수 있다.

부칙 〈제1841호, 2022. 12. 19.〉 (자격 취득 등에 요구되는 실무경력의 인정범위 확대 등을 위한 3개 법령의 일부개정에 관한 총리령)
이 규칙은 공포한 날부터 시행한다.

부칙 〈제1848호, 2022. 12. 29.〉
제1조(시행일) 이 규칙은 공포한 날부터 시행한다.

제2조(원료의약품 등록 신청의 처리기간에 관한 적용례) 별지 제16호서식의 개정규정(처리기간에 관한 개정부분만 해당한다)은 이 규칙 시행 이후 원료의약품 등록신청서 또는 원료의약품 등록사항 변경등록 신청서를 제출하는 경우부터 적용한다.

제3조(한약재의 적합판정에 관한 경과조치) 이 규칙 시행 전 종전의 규정에 따라 한약재의 적합판정을 받은 자는 2025년 12월 31일까지 제48조의2의 개정규정에 따라 적합판정을 받아야 한다.

부칙 〈제1915호, 2023. 10. 25.〉

제1조(시행일) 이 규칙은 공포한 날부터 시행한다. 다만, 다음 각 호의 개정규정은 해당 호에서 정하는 날부터 시행한다.

1. 제64조, 제65조제1항ㆍ제2항ㆍ제4항, 제66조 및 별지 제60호서식의 개정규정: 공포 후 1년
2. 제74조제3항의 개정규정: 2024년 12월 8일

제2조(국가출하승인 시료 채취에 관한 적용례) 제64조, 제65조제1항ㆍ제2항ㆍ제4항, 제66조 및 별지 제60호서식의 개정규정은 부칙 제1조제1호에 따른 시행일 전에 국가출하승인 신청을 하는 자의 요청이 있는 경우에도 적용할 수 있다.

제3조(의약외품 용기 등에의 기재사항에 관한 경과조치) 부칙 제1조제2호에 따른 시행일 전에 종전의 제74조제3항에 따른 기재사항이 기재된 의약외품의 용기나 포장은 제74조제3항의 개정규정에도 불구하고 부칙 제1조제2호에 따른 시행일 이후 1년이 되는 날까지 사용할 수 있다.

부칙 〈제1947호, 2024. 3. 11.〉

이 규칙은 공포한 날부터 시행한다.

부칙 〈제1958호, 2024. 5. 21.〉

이 규칙은 2024년 7월 21일부터 시행한다. 다만, 별표 6 I. 공통사

항의 제7호마목3) 및 별표 8 Ⅱ. 개별기준의 제35호마목1)의 개정규정은 공포한 날부터 시행한다.

부칙 〈제1985호, 2024. 10. 4.〉

제1조(시행일) 이 규칙은 공포한 날부터 시행한다. 다만, 제49조제3항·제4항 및 별표 8. Ⅱ. 개별기준 제27호의 개정규정은 공포 후 6개월이 경과한 날부터 시행한다.

제2조(완제의약품의 생산·수입·공급 중단 보고 등에 관한 적용례 등) ① 제49조제3항 본문의 개정규정은 부칙 제1조 단서에 따른 시행일부터 180일이 경과한 후에 완제의약품의 생산·수입·공급을 중단하려는 경우부터 적용한다.

② 부칙 제1조 단서에 따른 시행일 이후 180일 이내에 완제의약품의 생산·수입·공급을 중단하는 경우로서 그 사유를 식품의약품안전처장에게 보고하는 경우에는 제49조제3항 본문 및 별표 8 Ⅱ. 개별기준 제27호의 개정규정에도 불구하고 종전의 규정에 따른다.

제3조(적합판정 방법 변경에 관한 경과조치) 이 규칙 시행 전에 적합판정(변경적합판정을 포함한다)을 신청한 경우에는 제48조의2제1항제2호, 같은 조 제2항, 별지 제81호서식 및 별지 제81호의2서식의 개정규정에도 불구하고 종전의 규정에 따른다.

부칙 〈제2003호, 2024. 12. 30.〉

제1조(시행일) 이 규칙은 공포한 날부터 시행한다.

제2조(의약품등의 제조판매·수입 품목허가 신청 등에 관한 경과조치) 이 규칙 시행 전에 의약품등의 제조판매·수입 품목허가 또는 그 변경허가를 신청한 경우에는 제4조제1항제6호, 별지 제4호서식, 별지 제6호서식 및 별지 제8호서식의 개정규정에도 불구하고 종전의 규정에 따른다.

제3조(원료의약품 등록 및 변경등록에 관한 경과조치) 이 규칙 시행 전에 원료의약품 등록 또는 변경 등록을 신청한 경우에는 제15조,

제17조, 별지 제16호서식 및 별지 제17호서식의 개정규정에도 불구하고 종전의 규정에 따른다.

제4조(적합판정 제출 자료에 관한 경과조치) 이 규칙 시행 전에 적합판정(변경적합판정을 포함한다)을 신청한 경우에는 제48조의2제2항·제3항, 별지 제81호서식, 별지 제82호서식, 별지 제82호의2서식 및 별지 제82호의3서식의 개정규정에도 불구하고 종전의 규정에 따른다.

부칙 〈제2017호, 2025. 2. 21.〉

제1조(시행일) 이 규칙은 공포한 날부터 시행한다.

제2조(품목 변경허가 신청 또는 변경신고 간주에 관한 적용례) 제8조제5항의 개정규정은 이 규칙 시행 이후 의약품등의 제조업·수입업·위탁제조판매업의 변경허가를 신청하거나 변경신고를 하는 경우부터 적용한다.

별표 / 서식

[별표 1] 의약품 제조 및 품질관리기준(제4조제1항제6호가목, 같은 호다목부터 마목까지, 제48조제5호가목, 같은 호 다목부터 마목까지 및 같은 조 제6호, 제9호, 제9호의2 관련)

[별표 1의2] 원료의약품 제조 및 품질관리기준(제4조제1항제6호나목부터 마목까지, 제48조제5호나목부터 마목까지 및 같은 조 제9호 관련)

[별표 2] 한약재 제조 및 품질관리기준(제4조제1항제6호바목, 제48조제5호바목 및 같은 조 제9호 관련)

[별표 3] 생물학적제제등 제조 및 품질관리기준(제4조제1항제6호다목, 제48조제5호다목 및 같은 조 제9호 관련)

[별표 3의2] 방사성의약품 제조 및 품질관리기준(제4조제1항제6호라목, 제48조제5호라목 및 같은 조 제9호 관련)

[별표 3의3] 의료용 고압가스 제조 및 품질관리 기준(제4조제1항제

가 신청서

[별지 제9호서식] 제조업 허가증

[별지 제10호서식] [의약품, 의약외품(제조판매 품목, 수입품목)]허가증, 조건부 허가증

[별지 제11호서식] 의약외품 제조업 신고증

[별지 제12호서식] 의약품 위탁제조판매업 신고증

[별지 제12호의2서식] 수입업 신고증

[별지 제13호서식] [의약품, 의약외품(제조판매, 수입)]품목신고(변경신고)증

[별지 제14호서식] 의약품 제조업 시설 조건부 허가증

[별지 제15호서식] 의약품 제조판매품목 시설 조건부 허가증

[별지 제16호서식] 원료의약품(등록신청서, 등록사항 변경등록 신청서)

[별지 제17호서식] 원료의약품 등록증

[별지 제18호서식] [별지 제59호의2서식]으로 이동 <2015.3.13.>

[별지 제19호서식] [별지 제59호의4서식]으로 이동 <2015.3.13.>

[별지 제20호서식] 의약품[제조판매, 수입(품목허가, 품목신고) 갱신 신청서]

[별지 제21호서식] 삭제 <2025. 2. 21.>

[별지 제22호서식] 삭제 <2025. 2. 21.>

[별지 제23호서식] 임상시험계획 승인(변경승인) 신청서

[별지 제24호서식] 임상시험계획 승인서

[별지 제25호서식] 삭제 <2018. 10. 25.>

[별지 제26호서식] 삭제 <2016. 10. 28.>

[별지 제27호서식] 삭제 <2018. 10. 25.>

[별지 제28호서식] [별지 제40호의4서식]으로 이동 <2023. 10. 25.>

[별지 제29호서식] [별지 제40호의5서식]으로 이동 <2023. 10. 25.>

[별지 제30호서식] [별지 제40호의6서식]으로 이동 <2023. 10. 25.>

[별지 제31호서식] [별지 제40호의7서식]으로 이동 <2023. 10. 25.>

[별지 제32호서식] 임상시험용의약품에 대한 정기적인 최신 안전성

정보 보고서

[별지 제32호의2서식] 임상시험 실시상황 보고서(임상시험실시기관의 장)

[별지 제33호서식] 삭제 〈2018. 10. 25.〉

[별지 제33호의2서식] 삭제 〈2018. 10. 25.〉

[별지 제33호의3서식] 삭제 〈2018. 10. 25.〉

[별지 제34호서식] 삭제 〈2018. 10. 25.〉

[별지 제34호의2서식] 비임상시험 실시상황 보고서(비임상시험실시기관의 장)

[별지 제35호서식] 의약품등 임상시험실시기관 지정(변경지정) 신청서

[별지 제36호서식] 의약품등 임상시험실시기관 지정서

[별지 제37호서식] 임상시험검체분석기관 지정(변경지정) 신청서

[별지 제38호서식] 임상시험검체분석기관 지정서

[별지 제39호서식] 비임상시험실시기관 지정(변경지정) 신청서

[별지 제40호서식] 비임상시험실시기관 지정서 Certificate of GLP(Good Laboratory Practice)

[별지 제40호의2서식] 임상시험 교육실시기관 (변경)지정 신청서

[별지 제40호의3서식] 임상시험 교육실시기관 지정서

[별지 제40호의4서식] 임상시험용의약품(치료목적, 연구 등 목적)사용승인 신청서

[별지 제40호의5서식] 임상시험용의약품(치료목적, 연구 등 목적)사용승인서

[별지 제40호의6서식] 임상시험용의약품(치료목적, 연구 등 목적)사용 변경승인 신청서

[별지 제40호의7서식] 임상시험용의약품 비용 청구기간 연장 신청서

[별지 제40호의8서식] 우선심사 대상 의약품 지정 신청서

[별지 제40호의9서식] 우선심사 대상 의약품 지정서

[별지 제41호서식] 의약품등 사전 검토 신청서
[별지 제42호서식] 의약품등 사전 검토 결과 통지서
[별지 제43호서식] 제조(수입)관리자 승인신청서
[별지 제44호서식] 제조(수입)관리자 승인서
[별지 제45호서식] (제조관리자, 수입관리자)신고서
[별지 제46호서식] 의약품등의(제조관리자, 수입관리자 , 안전관리책임자)의 관리업무 비종사신고서
[별지 제47호서식] 의약품등 제조관리자 교육실시기관 지정신청서
[별지 제48호서식] 의약품등 제조관리자 교육실시기관 지정서
[별지 제49호서식] 안전관리책임자 신고서
[별지 제49호의2서식] 의약품 식별표시(등록, 변경등록)신청서
[별지 제49호의3서식] 업소 식별표시(등록, 변경등록)신청서
[별지 제49호의4서식] 의약품 식별표시(등록, 변경등록)필증
[별지 제49호의5서식] 업소 식별표시(등록, 변경등록)필증
[별지 제50호서식] 회수계획서
[별지 제51호서식] [의약품등의 제조업, 의약품의 위탁제조판매업, 의약품등의 수입업(폐업, 휴업, 재개업)]신고서
[별지 제52호서식] (제조관리자, 수입관리자, 안전관리책임자)변경신고서
[별지 제53호서식] (제조관리자, 안전관리책임자, 수입관리자)폐지신고서
[별지 제54호서식] 약국제제 제조품목 신고서
[별지 제55호서식] 의료기관 조제실제제 제조품목 신고서
[별지 제56호서식] 약국제제 제조품목 신고증
[별지 제57호서식] 의료기관 조제실제제 제조품목 신고증
[별지 제57호의2서식] 해외제조소 (등록신청서, 변경등록 신청서, 변경신고서)
[별지 제58호서식] 멸종 위기에 놓인 야생 동·식물((재)수출, 수입, 반입) 허가신청서

[별지 제59호서식] 멸종위기에 처한 야생 동식물종의 국제거래에 관한 협약에 따른 수출(수입·반입) 허가증명서 CONVENTION ON INTERNATIONAL TRADE IN ENDANGERED SPECIES OF WILD FAUNA AND FLORA

[별지 제59호의2서식] 의약품 특허목록 등재 신청서

[별지 제59호의3서식] 의약품 특허목록 등재신청 변경 신청서

[별지 제59호의4서식] 의약품 특허목록 등재사항 변경 신청서

[별지 제59호의5서식] 품목허가(변경허가) 신청사실 통지서(특허권 등재자, 등재특허권자)

[별지 제59호의6서식] 판매금지 신청서

[별지 제59호의7서식] 우선판매품목허가 신청서

[별지 제59호의8서식] 동일의약품 등 판매금지 효력소멸 사유 발생 보고서

[별지 제60호서식] 국가출하승인 신청서

[별지 제61호서식] 국가출하승인서

[별지 제62호서식] 의약품 광고사전심의(신청서, 이의신청서)

[별지 제63호서식] 수거품목명세

[별지 제63호의2서식] 합의보고서

[별지 제64호서식] 회수확인서

[별지 제65호서식] 평가보고서

[별지 제66호서식] 폐기신청서

[별지 제67호서식] 폐기확인서

[별지 제68호서식] 회수종료신고서

[별지 제69호서식] 삭제 〈2014.8.20〉

[별지 제70호서식] 삭제 〈2014.8.20〉

[별지 제71호서식] 삭제 〈2014.8.20〉

[별지 제72호서식] (등록증, 허가증, 승인서, 지정서, 신고증, 적합판정서)재발급 신청서

[별지 제73호서식] 약사감시원증

[별지 제74호서식] (허가증, 등록증, 신고증)갱신신청서
[별지 제74호의2서식] 전문인력 양성기관 지정 신청서
[별지 제74호의3서식] 전문인력 양성기관 지정서
[별지 제74호의4서식] 비축 의약품의 유효기간 연장 신청서
[별지 제74호의5서식] 비축 의약품의 유효기간 연장 결과통지서
[별지 제75호서식] 제조업자 등 지위 승계 신고서
[별지 제76호서식] 삭제 〈2016. 10. 28.〉
[별지 제77호서식] 약물이상반응 보고서
[별지 제77호의2서식] 삭제 〈2022. 12. 7.〉
[별지 제77호의3서식] 삭제 〈2022. 12. 7.〉
[별지 제77호의4서식] 정기적인 최신 안전성정보 보고서
[별지 제78호서식] 의약품 유통품질 관리기준 실시상황 평가신청서
[별지 제79호서식] 의약품 유통품질 관리기준 적격업소 증명서
[별지 제80호서식] 조사표
[별지 제81호서식] 의약품 제조 및 품질관리기준(적합판정, 변경적합판정) 신청서
[별지 제81호의2서식] 의약품 제조 및 품질관리기준 적합판정서(Certificate of GMP Compliance of a Manufacturer)
[별지 제82호서식] 원료의약품 제조 및 품질관리기준(적합판정, 변경적합판정) 신청서
[별지 제82호의2서식] 한약재 제조 및 품질관리기준(적합판정, 변경적합판정) 신청서
[별지 제82호의3서식] 의약외품 제조 및 품질관리기준(적합판정,변경적합판정) 신청서
[별지 제82호의4서식] 한약재 제조 및 품질관리기준 적합판정서(Certificate of GMP Compliance of a Manufacturer)
[별지 제82호의5서식] 의약외품 제조 및 품질관리기준 적합판정서(Certificate of GMP Compliance of a Manufacturer)
[별지 제82호의6서식] 의약품등의 제조·품질관리 조사관증

[별지 제82호의7서식] 의약품등의 제조 · 품질관리기준 교육 · 훈련기관 지정 신청서

[별지 제82호의8서식] 의약품등의 제조 · 품질관리기준 교육 · 훈련기관 지정서

[별지 제83호서식] 안전관리책임자 교육기관 지정(지정변경) 신청서

[별지 제84호서식] 안전관리책임자 교육기관 지정서

[별지 제85호서식] 약물역학조사관증

[별지 제86호서식] 과징금 (납부통지서, 영수통지서, 납부영수증)

[별지 제87호서식] 과징금 납부기한 연기 신청서

[별지 제88호서식] 과징금 분할납부 신청서

대한민국 법령 시리즈 529

의약품 등의 안전에 관한 규칙 (약칭 : 의약품안전규칙)

법 령

2025년 4월 10일 인쇄 정가 21,000원
2025년 4월 21일 발행

편 저 편집부
디 자 인 송영미
발 행 인 조준형 http://www.hgbookpub.com
발 행 처 해광출판사 E-mail : munbookcokr@naver.com
주 소 부산광역시 중구 해관로 41-1 (중앙동2가)
전화번호 (051) 253-0001 팩스 (051) 245-1187
등 록 제 2012-000005호

ISBN 979-11-6881-811-8

해광출판사 대한민국 법령 시리즈

001. 선원법
002. 어선법
003. 선박직원법
004. 해사안전기본법
005. 해양환경관리법
006. 선박의 입항 및 출항등에 관한 법률
007. 학교안전사고예방 및 보상에 관한 법률
008. 종합부동산세법
009. 방위사업법
010. 행정규제기본법
011. 식품산업진흥법
012. 위험물안전관리법
013. 화재의 예방 및 안전관리에 관한 법률
014. 도시가스사업법
015. 실내공기질관리법
016. 지방세법
017. 소득세법
018. 법인세법
019. 도선법
020. 선박안전법
021. 선박법
022. 수산업법
023. 고압가스안전관리법
024. 국민연금법
025. 공동주택관리법
026. 화학물질관리법
027. 어선원 및 어선 재해보상보험법
028. 장기등 이식에 관한 법률
029. 자연재해대책법
030. 공유재산 및 물품 관리법
031. 산업입지 및 개발에 관한 법률
032. 부정경쟁방지 및 영업비밀보호에 관한 법률
033. 금융지주회사법
034. 온실가스 배출권의 할당 및 거래에 관한 법률
035. 건축사법
036. 산림문화휴양에 관한 법률
037. 전기사업법
038. 사립학교법
039. 고등교육법
040. 액화석유가스의 안전관리 및 사업법
041. 선박투자회사법
042. 수산자원관리법
043. 위험물선박운송및저장규칙
044. 선박평형수관리법
045. 주택임대차보호법
046. 상가건물임대차보호법
047. 지방공기업법
048. 승강기안전관리법
049. 수목원·정원의 조성 및 진흥에 관한 법률
050. 민법
051. 치료감호 등에 관한 법률
052. 대부업 등의 등록 및 금융이용자 보호에 관한 법률
053. 사료관리법
054. 무형문화재 보전 및 진흥에 관한 법률
055. 총포·도검·화약류 등의 안전관리에 관한 법률
056. 경찰관직무집행법
057. 시설물의 안전 및 유지관리에 관한 특별법
058. 수산생물질병 관리법
059. 소비자기본법
060. 국제선박등록법
061. 정보통신망 이용촉진 및 정보보호 등에 관한 법률
062. 해운법
063. 농수산물 품질관리법
064. 수산업협동조합법
065. 해외건설촉진법
066. 수상레저안전법
067. 공무원재해보상법
068. 수상에서의 수색·구조 등에 관한 법률
069. 어촌어항법
070. 항만법
071. 항만운송사업법
072. 해양경비법
073. 해양사고의 조사 및 심판에 관한 법률
074. 외국인근로자의 고용 등에 관한 법률
075. 중소기업기본법
076. 자유무역지역의 지정 및 운영에 관한 법률
077. 대기환경보전법
078. 소음진동관리법
079. 폐기물관리법
080. 하수도법
081. 물환경보전법
082. 토양환경보전법
083. 환경정책기본법
084. 산업재해보상보험법
085. 관세법
086. 노동조합 및 노동관계조정법
087. 근로기준법
088. 군인연금법
089. 먹는물관리법
090. 기술보증기금법
091. 관광진흥법
092. 감염병의 예방 및 관리에 관한 법률
093. 사법경찰관리의 직무를 수행할 자와 그 직무범위에 관한 법률
094. 수의사법
095. 가정폭력방지 및 피해자보호 등에 관한 법률
096. 환경영향평가법
097. 체육시설의 설치 · 이용에 관한 법률
098. 장사 등에 관한 법률
099. 상호저축은행법
100. 은행법
101. 보호관찰 등에 관한 법률
102. 형법
103. 자동차관리법
104. 형사소송법
105. 전자금융거래법
106. 마약류 불법거래 방지에 관한 특례법
107. 도로법
108. 주세법
109. 변리사법
110. 하천법
111. 중소기업진흥에 관한 법률
112. 발달장애인 권리보장 및 지원에 관한 법률
113. 주택법
114. 장애인복지법
115. 농어업경영체 육성 및 지원에 관한 법률
116. 공인중개사법
117. 건강기능식품에 관한 법률
118. 예비군법
119. 개발제한구역의 지정 및 관리에 관한 특별조치법
120. 국유재산법
121. 주차장법
122. 환경기술 및 환경산업 지원법
123. 대기관리권역의 대기환경개선에 관한 특별법
124. 악취방지법
125. 미세먼지 저감 및 관리에 관한 특별법
126. 가축분뇨의 관리 및 이용에 관한 법률
127. 물의 재이용 촉진 및 지원에 관한 법률
128. 물관리기본법
129. 물관리기술 발전 및 물산업 진흥에 관한 법률
130. 자원의 절약과 재활용촉진에 관한 법률
131. 전기 · 전자제품 및 자동차의 자원순환에 관한 법률
132. 건설폐기물의 재활용촉진에 관한 법률
133. 수도권매립지관리공사의 설립 및 운영 등에 관한 법률
134. 폐기물의 국가 간 이동 및 그 처리에 관한 법률
135. 폐기물처리시설 설치촉진 및 주변지역지원 등에 관한 법률
136. 자원순환기본법
137. 잔류성오염물질 관리법
138. 환경분쟁 조정법

해광출판사 대한민국 법령 시리즈

139. 화학물질의 등록 및 평가 등에 관한 법률
140. 환경오염시설의 통합관리에 관한 법률
141. 환경오염피해 배상책임 및 구제에 관한 법률
142. 중소기업제품 구매촉진 및 판로지원에 관한 법률
143. 환경개선비용 부담법
144. 환경분야 시험·검사 등에 관한 법률
145. 환경친화적 산업구조로의 전환촉진에 관한 법률
146. 환경친화적 자동차의 개발 및 보급 촉진에 관한 법률
147. 환경범죄 등의 단속 및 가중처벌에 관한 법률
148. 생명윤리 및 안전에 관한 법률
149. 장애인차별금지 및 권리구제 등에 관한 법률
150. 부동산투자회사법
151. 정치자금법
152. 과학기술기본법
153. 대리점거래의 공정화에 관한 법률
154. 상속세 및 증여세법
155. 학원의 설립 · 운영 및 과외교습에 관한 법률
156. 해양심층수의 개발 및 관리에 관한 법률
157. 전기용품 및 생활용품 안전관리법
158. 사회기반시설에 대한 민간투자법
159. 공직선거법
160. 정당법
161. 유류오염손해배상 보장법
162. 부정청탁 및 금품등 수수의 금지에 관한 법률
163. 항로표지법
164. 어장관리법
165. 민방위기본법
166. 공직자윤리법
167. 선거관리위원회법
168. 유선 및 도선 사업법
169. 전기공사업법
170. 사회복지사업법
171. 택지개발촉진법
172. 국가공무원법
173. 민간임대주택에 관한 특별법
174. 어음법·수표법
175. 민사집행법
176. 상법
177. 문화예술진흥법
178. 중소기업협동조합법
179. 농업협동조합법
180. 도로교통법
181. 의료사고 피해구제 및 의료분쟁 조정 등에 관한 법률
182. 산림보호법
183. 소년법
184. 동물보호법
185. 건축물관리법
186. 도시개발법
187. 화물자동차 운수사업법
188. 도시 및 주거환경정비법
189. 의료법
190. 국회법
191. 응급의료에 관한 법률
192. 출입국관리법
193. 노인복지법
194. 산림자원의 조성 및 관리에 관한 법률
195. 청소년 보호법
196. 초 · 중등교육법
197. 혁신도시 조성 및 발전에 관한 특별법
198. 경제자유구역의 지정 및 운영에 관한 특별법
199. 공공기관의 운영에 관한 법률
200. 대한민국헌법
201. 국민기초생활 보장법
202. 저작권법
203. 가사소송법
204. 국가유공자 등 예우 및 지원에 관한 법률
205. 국민체육진흥법
206. 전통주 등의 산업진흥에 관한 법률
207. 재난 및 안전관리 기본법
208. 정보통신공사업법
209. 주식회사 등의 외부감사에 관한 법률
210. 공익사업을 위한 토지 등의 취득 및 보상에 관한 법률
211. 개인정보 보호법
212. 국세기본법
213. 에너지이용 합리화법
214. 감정평가 및 감정평가사에 관한 법률
215. 국가인권위원회법
216. 가맹사업거래의 공정화에 관한 법률
217. 보건의료기본법
218. 산업안전보건법
219. 법무사법
220. 교육공무원법
221. 특허법
222. 민사소송법
223. 아동복지법
224. 전파법
225. 하도급거래 공정화에 관한 법률
226. 기초연금법
227. 사립학교교직원 연금법
228. 직업안정법
229. 장애아동 복지지원법
230. 부동산등기법
231. 자동차손해배상 보장법
232. 철도안전법
233. 항공안전법
234. 전자상거래 등에서의 소비자보호에 관한 법률
235. 독점규제 및 공정거래에 관한 법률
236. 상표법
237. 채무자 회생 및 파산에 관한 법률
238. 공무원연금법
239. 축산법
240. 근로복지기본법
241. 민원 처리에 관한 법률
242. 약사법
243. 방문판매 등에 관한 법률
244. 건축기본법
245. 지방세기본법
246. 지방세징수법
247. 지방자치법
248. 도시교통정비 촉진법
249. 공공주택 특별법
250. 국세징수법
251. 공인노무사법
252. 중대재해 처벌 등에 관한 법률
253. 외무공무원법
254. 소방시설공사업법
255. 검역법
256. 공중위생관리법
257. 할부거래에 관한 법률
258. 인터넷 멀티미디어 방송사업법
259. 전기통신사업법
260. 제품안전기본법
261. 철도사업법
262. 어린이제품 안전 특별법
263. 영유아보육법
264. 원자력안전법
265. 보험업법
266. 경비업법
267. 교통안전법
268. 세무사법
269. 관세사법
270. 공인회계사법
271. 지방공무원법
272. 고용정책 기본법
273. 국가경찰과 자치경찰의 조직 및 운영에 관한 법률
274. 협동조합 기본법
275. 재해구호법
276. 환경보건법

해광출판사 대한민국 법령 시리즈

277. 자살예방 및 생명존중문화 조성을 위한 법률
278. 소방산업의 진흥에 관한 법률
279. 소방기본법
280. 비송사건절차법
281. 자연환경보전법
282. 변호사법
283. 기업구조조정투자회사법
284. 전기통신기본법
285. 에너지법
286. 해양생태계의 보전 및 관리에 관한 법률
287. 사회보장기본법
288. 통신비밀보호법
289. 공증인법
290. 물류시설의 개발 및 운영에 관한 법률
291. 청소년활동 진흥법
292. 형의 집행 및 수용자의 처우에 관한 법률
293. 도시공원 및 녹지 등에 관한 법률
294. 태권도 진흥 및 태권도공원 조성 등에 관한 법률
295. 녹색건축물 조성 지원법
296. 우편법
297. 예금자보호법
298. 건설산업기본법
299. 금융회사의 지배구조에 관한 법률
300. 장애인활동 지원에 관한 법률
301. 언론중재 및 피해구제 등에 관한 법률
302. 국가재정법
303. 농지법
304. 게임산업진흥에 관한 법률
305. 정신건강증진 및 정신질환자 복지서비스 지원에 관한 법률
306. 디자인보호법
307. 의료기사 등에 관한 법률
308. 스마트도시 조성 및 산업진흥 등에 관한 법률
309. 내수면어업법
310. 한국주택금융공사법
311. 의료기기법
312. 유통산업발전법
313. 전통시장 및 상점가 육성을 위한 특별법
314. 여신전문금융업법
315. 해외자원개발 사업법
316. 산업교육진흥 및 산학연협력촉진에 관한 법률
317. 빈집 및 소규모주택 정비에 관한 특례법
318. 기업도시개발 특별법
319. 전력기술관리법
320. 국토기본법
321. 지하수법
322. 식품위생법
323. 광업법
324. 호스피스·완화의료 및 임종과정에 있는 환자의 연명의료결정에 관한 법률
325. 주식·사채 등의 전자등록에 관한 법률
326. 표시·광고의 공정화에 관한 법률
327. 골재채취법
328. 국민건강증진법
329. 새마을금고법
330. 여객자동차 운수사업법
331. 마리나항만의 조성 및 관리 등에 관한 법률
332. 한부모가족지원법
333. 국가를 당사자로 하는 계약에 관한 법률
334. 지방자치단체를 당사자로 하는 계약에 관한 법률
335. 축산물 위생관리법
336. 병역법
337. 음악산업진흥에 관한 법률
338. 국가균형발전 특별법
339. 첨단재생의료 및 첨단바이오의약품 안전 및 지원에 관한 법률
340. 공간정보의 구축 및 관리 등에 관한 법률
341. 공유수면 관리 및 매립에 관한 법률
342. 농수산물 유통 및 가격안정에 관한 법률
343. 아시아문화중심도시 조성에 관한 특별법
344. 신탁법
345. 자연공원법
346. 생활화학제품 및 살생물제의 안전관리에 관한 법률
347. 군인사법
348. 국제조세조정에 관한 법률
349. 낙동강수계 물관리 및 주민지원 등에 관한 법률
350. 주민등록법
351. 집합건물의 소유 및 관리에 관한 법률
352. 집단에너지사업법
353. 산림조합법
354. 반도체집적회로의 배치설계에 관한 법률
355. 자본시장과 금융투자업에 관한 법률
356. 담보부사채신탁법
357. 근로자퇴직급여 보장법
358. 국제과학비즈니스벨트 조성 및 지원에 관한 특별법
359. 수도법
360. 식품 등의 표시·광고에 관한 법률
361. 약관의 규제에 관한 법률
362. 인삼산업법
363. 종자산업법
364. 항공사업법
365. 건설기계관리법
366. 군형법
367. 궤도운송법
368. 기술의 이전 및 사업화 촉진에 관한 법률
369. 농수산물의 원산지 표시 등에 관한 법률
370. 담배사업법
371. 석유 및 석유대체연료 사업법
372. 가축전염병 예방법
373. 농어촌정비법
374. 식물신품종 보호법
375. 항공보안법
376. 중소기업창업 지원법
377. 군사법원법
378. 우주개발 진흥법
379. 해저광물자원 개발법
380. 산림복지 진흥에 관한 법률
381. 지능형 로봇 개발 및 보급 촉진법
382. 헌법재판소법
383. 옥외광고물 등의 관리와 옥외광고산업 진흥에 관한 법률
384. 혈액관리법
385. 국제항해선박 등에 대한 해적행위 피해예방에 관한 법률
386. 유료도로법
387. 독립유공자예우에 관한 법률
388. 신에너지 및 재생에너지 개발·이용·보급 촉진법
389. 신용정보의 이용 및 보호에 관한 법률
390. 출판문화산업 진흥법
391. 공항시설법
392. 국민 평생 직업능력 개발법
393. 아동·청소년의 성보호에 관한 법률
394. 방송법식
395. 신용보증기금법
396. 화장품법
397. 청소년 기본법
398. 인터넷주소자원에 관한 법률
399. 양곡관리법
400. 도로명주소법
401. 전자문서 및 전자거래 기본법
402. 산업기술의 유출방지 및 보호에 관한 법률
403. 국가기술자격법
404. 양식산업발전법
405. 산업기술혁신 촉진법
406. 새만금사업 추진 및 지원에 관한 특별법
407. 전자정부법
408. 지역 개발 및 지원에 관한 법률
409. 한국농어촌공사 및 농지관리기금법
410. 계량에 관한 법률
411. 기업활동 규제완화에 관한 특별조치법
412. 군에서의 형의 집행 및 군수용자의 처우에 관한 법률

해광출판사 대한민국 법령 시리즈

413. 규제자유특구 및 지역특화발전특구에 관한 규제특례법
414. 금융위원회의 설치 등에 관한 법률
415. 남녀고용평등과 일·가정 양립 지원에 관한 법률
416. 농어업인 삶의 질 향상 및 농어촌지역 개발촉진에 관한 특별법
417. 댐건설·관리 및 주변지역지원 등에 관한 법률
418. 국가유산수리 등에 관한 법률
419. 법원조직법
420. 보훈보상대상자 지원에 관한 법률
421. 부패방지 및 국민권익위원회의 설치와 운영에 관한 법률
422. 과학기술분야 정부출연연구기관 등의 설립·운영 및 육성에 관한 법률
423. 연구개발특구의 육성에 관한 특별법
424. 친환경농어업 육성 및 유기식품 등의 관리·지원에 관한 법률
425. 연안관리법
426. 영화 및 비디오물의 진흥에 관한 법률
427. 신용협동조합법
428. 방송통신발전 기본법
429. 범죄피해자 보호법
430. 가축 및 축산물 이력관리에 관한 법률
431. 국가표준기본법
432. 국가통합교통체계효율화법
433. 범죄인 인도법
434. 국가과학기술 경쟁력 강화를 위한 이공계지원 특별법
435. 국제경기대회 지원법
436. 금융혁신지원 특별법
437. 수자원의 조사·계획 및 관리에 관한 법률
438. 축산자조금의 조성 및 운용에 관한 법률
439. 소방시설 설치 및 관리에 관한 법률
440. 양성평등기본법
441. 축산계열화사업에 관한 법률
442. 수입식품안전관리 특별법
443. 대외무역법
444. 국가연구개발사업 등의 성과평가 및 성과관리에 관한 법률
445. 무역보험법
446. 기술사법
447. 광산안전법
448. 농약관리법
449. 농업·농촌 및 식품산업 기본법
450. 문화산업진흥 기본법
451. 부담금관리 기본법
452. 야생생물 보호 및 관리에 관한 법률
453. 한국은행법
454. 별정우체국법
455. 원양산업발전법
456. 콘텐츠산업 진흥법
457. 한국수출입은행법
458. 외국인투자 촉진법
459. 물류정책기본법
460. 전자서명법
461. 산업발전법
462. 산업표준화법
463. 소프트웨어 진흥법
464. 토지이용규제 기본법
465. 해수욕장의 이용 및 관리에 관한 법률
466. 정보통신 진흥 및 융합 활성화 등에 관한 특별법
467. 정보통신산업 진흥법
468. 지진·화산재해대책법
469. 소금산업진흥법
470. 위치정보의 보호 및 이용 등에 관한 법률
471. 외국법자문사법
472. 이러닝(전자학습)산업 발전 및 이러닝 활용 촉진에 관한 법률
473. 암관리법
474. 실용신안법
475. 가족관계의 등록 등에 관한 법률
476. 무인도서의 보전 및 관리에 관한 법률
477. 감사원법
478. 정보보호산업의 진흥에 관한 법률
479. 결혼중개업의 관리에 관한 법률
480. 공익신고자 보호법
481. 박물관 및 미술관 진흥법
482. 낚시 관리 및 육성법
483. 동산·채권 등의 담보에 관한 법률
484. 임금채권보장법
485. 국민투표법
486. 농림수산업자 신용보증법
487. 국가채권 관리법
488. 중소기업은행법
489. 식품안전기본법
490. 외국환거래법
491. 발명진흥법
492. 건설기술 진흥법
493. 기후위기 대응을 위한 탄소중립·녹색성장 기본법
494. 인체조직안전 및 관리 등에 관한 법률
495. 엔지니어링산업 진흥법
496. 신문 등의 진흥에 관한 법률
497. 식물방역법
498. 석탄산업법
499. 산업융합 촉진법
500. 비료관리법
501. 임업 및 산촌 진흥촉진에 관한 법률
502. 복권 및 복권기금법
503. 대규모유통업에서의 거래 공정화에 관한 법률
504. 뉴스통신 진흥에 관한 법률
505. 지능정보화 기본법
506. 자격기본법
507. 중소기업 기술혁신 촉진법
508. 국가공간정보 기본법
509. 농어업재해대책법
510. 방송광고판매대행 등에 관한 법률
511. 지식재산 기본법
512. 초고층 및 지하연계 복합건축물 재난관리에 관한 특별법
513. 해양 조사와 해양정보 활용에 관한 법률
514. 공간정보산업 진흥법
515. 공공기관의 정보공개에 관한 법률
516. 행정기본법
517. 해상교통안전법
518. 농어업재해보험법
519. 문화유산의 보존 및 활용에 관한 법률
520. 자연유산의 보존 및 활용에 관한 법률
521. 국토의 계획 및 이용에 관한 법률
522. 건축법
523. 국민건강보험법
524. 계엄법
525. 환경친화적 선박의 개발 및 보급 촉진에 관한 법률
526. 해양폐기물 및 해양오염퇴적물 관리법
527. 연안사고 예방에 관한 법률
528. 전기안전관리법
529. 의약품 등의 안전에 관한 규칙

:
:
:

공공보건의료에 관한 법률
군보건의료에 관한 법률
농어촌 등 보건의료를 위한 특별조치법

*** 해광출판사의 법령 시리즈는 계속 발행 됩니다.**
**** 각 도서의 개정판은 인쇄일을 기준으로 제작 되었습니다.**